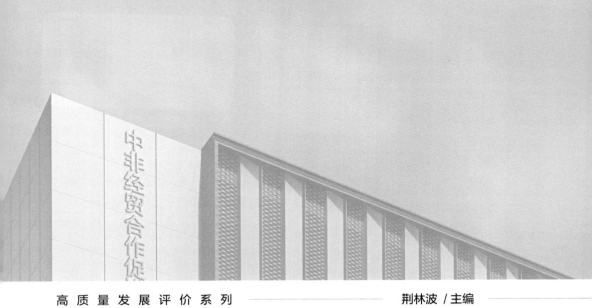

高 质 量 发 展 评 价 系 列 —————————— 荆林波 / 主编

中国商品交易市场

转型升级、综合评价与典型案例

China's Commodity Markets:

Transformation and Upgrading,
Comprehensive Evaluation, Classical Case

王雪峰 / 著

社会科学文献出版社
SOCIAL SCIENCES ACADEMIC PRESS (CHINA)

CONTENTS
目 录

转型升级
——商品交易市场创新发展概述

综合评价
——商品交易市场百强榜单

典型案例
——创新引领高质量发展市场

转型升级
——商品交易市场创新发展概述

一 中国商品交易市场创新引领高质量发展研究背景

经过 40 多年的培育、发展、规范、调整和提升，我国商品交易市场已经形成了纵向多层次、横向多元化的立体式"金字塔"形商品交易市场体系，商品交易市场配置各类资源的功能得以强化，配置效率大幅提升。整体上，商品交易市场进入适应新时代要求和经济社会发展需要的高质量创新发展阶段。

（一）市场配置资源的决定性地位确立

商品交易市场是经济发展的"晴雨表"和指示器，也是区域经济发展的助推器，更是促进消费、孕育商机和技术创新的摇篮。改革开放以来，我国对市场的认识是一个探索和渐进的过程。在改革开放初期，强调的是下放"经营管理自主权"，同时强调"按经济规律办事，重视价值规律的作用"，改革的导向是建立社会主义市场经济运行机制。1993 年，十四届三中全会确立了市场在资源配置中的基础性作用，市场在我国经济体系中配置资源的基础性地位得以确立。2003 年，十六届三中全会提出"更大程度地发挥市场在资源配置中的基础性作用"的目标和"建设统一开放竞争有序的现代市场体系"的任务，市场配置资源的功能得以强化。2013 年，十八届三中全会明确提出"处理好政府和市场的关系"成为我国经济体制全面深化改革的重点，"使市场在资源配置中起决定性作用和更好发挥政府作用"成为今后改革的任务和目标。市场配置资源的决定性地位得以确立。党的十九大明确提出，中国特色社会主义进入新时代。在新时代的历史方位下，要围绕新目标、践行新思想、解决新矛盾，这为商品交易市场的发展提供了新思路。

（二）新时代、新形势、新任务和新要求

习近平总书记在党的十九大报告中明确指出："中国特色社会主义进入新时代，我国社会主要矛盾已经转化为人民日益增长的美好生活需要和不平衡不充分的发展之间的矛盾。"新时代的主要使命是在富起来的基础上向强起来转变，建设社会主义现代化强国。在新时代的历史方位下，中国面临社会主要矛盾、社会需求、历史任务及新任务转变的新形势，对政治、经济、社会、生态、民主和法制等方面的发展都提出了新要求。在全面建成小康社会、全面深化改革、全面依法治国、全面从严治党新形势的基础上，创新正在成为引领经济社会发展的主要驱动力，高质量发展已经成为经济发展的必然要求。在新时代的大背景下，在"四个全面"战略布局下，生态保护、环境治理、民主法制、公平公开、创新高效的需求越来越强烈，传统的经济规模扩张及社会发展模式已经与新时代的战略布局和社会民众需求不相符；创新引领的高效、高质量发展已经成为新时代新形势下的新要求。

（三）新时代创新引领供给侧结构性改革发力

在 2010 年超过美国成为世界第一制造业大国后，我国的世界经济大国地位确立。伴随人口结构的调整，人口红利衰减；生产率相对于发达国家依然较低，经济长期稳定增长风险加大。与此同时，雾霾天气持续出现，揭示经济发展与资源环境承载力的矛盾日益突出；世界各大国都加快了经济结构调整，以求世界经济再平衡。在国内外综合因素的影响下，2012 年以来，我国经济呈逐年降速放缓的换轨态势。此外，供给侧质量不高、运行效率低，无法给出合意的需求。在此背景下，党的十九大报告明确提出中国特色社会主义进入新时代，我国社会主要矛盾已经转化为人民日益增长的美好生活需要和不平衡不充分的发展之间的矛盾。为了适应新时代、新思想、新目标、新使命的新要求，创新引领、化解过剩产能、优化产业结构、促进产业升级、促进供需匹配的供给侧结构性改革成为经济结构调整的必然选择。在这轮供给侧结构性改革和产业结构调整过程中，优胜劣汰的市场机制必然使一些行业面临冲击；一些企业将被淘汰、退出市场。

（四）商品交易市场发展新形势和新要求

2012 年以来，伴随网络市场的发展和消费者购物行为模式的改变，传统实体商业普遍受到冲击。商品交易市场作为传统商业上游的重要节点也在网络新型市场的冲击下开始大量减少，6 年减少了 1 万多家，降幅高达 20.49%。随着网络市场对实体市场冲击和经济结构调整的深化，亿元以上市场数量已经开始逐年减少，6 年减少了 577 家，降幅为 6.97%，几乎每年下降 1个百分点。在市场数量减少的同时，亿元以上市场总营业面积在 2015 年达到高点后也开始减少，但市场平均营业面积继续增加，在 2017 年达到了 6.43 万平方米。亿元以上市场摊位数在2014 年达到峰值后开始减少，但摊位平均面积在小幅增加，达到了 88.69 平方米。市场单位面积成交额在 2016 年触底后开始呈小幅反弹态势。整体来看，商品交易市场数量已经达到饱和状态，数量扩张阶段已经结束；市场规模边际效应已降至低点，甚至为负，市场规模扩张也基本结束；市场内的摊位面积增加趋缓，商户规模化经营动力趋弱。因此，商品交易市场传统的扩张模式已经达到拐点，创新市场发展新模式、探求市场发展新方向成为当前商品交易市场转型升级和高质量发展的新要求。

（五）信息技术应用日益成熟，网络市场引领市场变革

信息技术已经广泛应用在各行各业和日常生活，企业和个人用户对 IT 系统的依赖性越来越强。无论是政府社会管理、企业生产经营，还是社会团体活动、个人日常生活，都很难离开信息技术的支持。以网络应用为例，据 CNNIC 第 43 次

报告①数据，截至 2019 年 6 月，我国网民规模达 8.54 亿人，互联网普及率为 61.2%；手机网民规模达 8.47 亿人；网民使用手机上网的比例为 99.1%。网络购物用户规模达到 6.39 亿人，占网民的 74.8%，其中手机网络购物用户规模达 6.22 亿人，占手机网民的 73.4%。网上外卖用户规模为 4.21 亿人，占网民整体的 49.3%；网络支付用户规模达到 6.33 亿人，使用比例高达 74.1%，其中手机网络支付用户为 6.21 亿人，占网民整体的 73.4%。2018 年全年，全国网上零售额达到 90065 亿元，同比增长 23.9%，其中实物商品网上零售额 70198 亿元，同比增长 25.4%，比社会消费品零售总额高出 16.4 个百分点。实物商品网上零售额占社会消费品零售总额的比重为 18.4%。网络市场对经济交易活动的影响日益凸显，正在成为引领市场变革方向的重要力量。

二　中国商品交易市场升级进程

我国商品交易市场起源于集贸市场，从其组织发展演进来看，一般都经历了自发组织、有管理组织、组织提升、组织规范和现代组织的几个明显的组织转型升级阶段。从其存在形态来看，大都经历了"三边"（路边、河边、井边）的露天市场、水泥台大棚市场、简单室内市场、室内市场及现代商场式市场

---

① 中国互联网络信息中心（CNNIC）：《中国互联网络发展状况统计报告（2019 年 2 月）》（第 43 次），中共中央网络安全和信息化委员会办公室、中华人民共和国国家互联网信息办公室网站，2019。

几个明显的存在形态升级阶段。从市场内经营主体来看，也大都经历了小商贩、个体、企业法人、公司法人几个明显的升级递进阶段。从其经营的形式来看，大都经历了零星小买卖、小零售、大零售、批零结合、批发等几个转型提升阶段。从场内经营的商品品类及质量来看，也大都经历了由品类少、质量差、价格低到品类多、质量不高、价格低，再到品类丰富、质量中档、价格适中，再到品类众多、质量层次不等、价位多样的阶段。整体来看，新中国成立以来随着我国经济体制的调整，商品交易市场在我国的发展演进大致经历了关闭集贸市场（1958 年至 1960 年上半年）、开放集贸市场（1960 年下半年至 1965 年）、关闭集贸市场（1966 年 5 月至 1976 年）、开放集贸市场（1979 年至今）几个阶段。依据我国商品交易市场的存在形态和组织形式的演进变革，我国商品交易市场发展大致可分为以下几个阶段。

（一）无市场阶段（计划经济时期）

在新中国成立初期的计划经济体制下，我国实行的是生产资料统一调拨，工业消费品采用"三级批发"（即一级批发、二级批发、三级批发到零售）和"三固定"（即固定的供应区域、固定的供应对象和固定的倒扣作价方式）的流通模式，农产品采用"统购统销"的流通机制。生产资料、工业消费品、农产品都是以产品的形式按计划调配，由于统一调配、统购统销及固定供应，它们都不具备商品的性质，也无须通过市场交易来实现。这样，具有商品集散交易功能的市场就失去了存在的必要性，并且，由于意识形态和对社会主义认识的局限，在政策上，我们也曾经把集贸市场当成"资本主义的尾巴"来割。事实上，在当时的社会政治及经济政策环境下，国内没有真正经济意义上的商品，不同经济组织间也没有商品交易，更没有市场价格调节机制，集贸市场随着政治形势和政策的变动处于时开时关的状态，基本上处于无真正意义上的商品交易市场阶段，即使是原始形态的集贸市场也处于抑制和10多年的关闭状态。基于此，在新中国成立初期的计划经济时期，可以说我国经济运行是处于无市场的阶段。

（二）集贸市场恢复阶段（1979～1983年）

1978年以来，伴随思想认识和国家政策的调整，在政策放松和允许的推动下，我国集贸市场开始恢复。1978年底，北京海淀区北太平庄、朝阳区水碓子两处集贸市场恢复，打破了大中城市中心区不准开集贸市场的规定。1979年，上海恢复城乡集贸市场328处，并正式设立生产资料交易市场；1981年上海市人民政府批准开放了小商品集市。同期，武汉汉正街市场（1979年）、义乌小商品批发市场（1982年）、沈阳五爱市场（1983年）等也孕育诞生。在这一阶段，集贸市场"调节余缺"的功能和"社会主义统一市场的组成部分"的地位得到明确认可，为我国集贸市场的恢复奠定了理论和政策基础。在这一时期，我国商品交易市场的发展以城镇和农村的集贸市场恢复为主，同时城镇也孕育、诞生了一些新的集贸市场、小商品市场和生产资料市场。无论是恢复的集贸市场还是新生集贸、小商品和生产资料市场，它们大多处于组织管理松散、露天经营的马路边市场、街边市场、水边市场、墙边市场等组织形态，市场主体也多是小商小贩，市场内交易的商品品类比较简单。整体上，伴随城乡集贸市场的逐步恢复和个别小商品市场及生产资料市场的诞生，我国商品交易市场处于恢复、孕育和萌芽的阶段。

（三）商品市场起步（1984～1991 年）

《城乡集市贸易管理办法》（1983 年）的颁布实施、农产品"统购统销"政策的取消以及"搞活农村经济"的要求，为我国商品交易市场的发展和规范起到了积极的推动作用。在这一阶段，集贸市场开始分化，商品交易市场和贸易中心产生。1984 年，我国第一家产区蔬菜商品交易市场——山东寿光蔬菜商品交易市场成立；上海市区农副产品集贸市场从零售向批发市场提升，突破了过去由国营商业按计划批发供应的限制。同年，我国贸易中心开始起步，逐步打破了国有商业独占商品交易市场的局面，启动了批发体制改革。到 1985 年，在全国范围内形成了"贸易中心热"，1986 年国家开始对各地贸易市场进行清理整顿。在集贸市场恢复、新建的同时，全国范围内小商品市场、生产资料市场、商品交易市场等各类市场如雨后春笋般涌现。特别是 1990 年，郑州粮食商品交易市场成立，在国内和国外都产生了很大的影响，被视为我国继续推进改革开放和市场经济发展的里程碑。经过对集贸市场的规范、贸易中心的清理整顿后，我国商品交易市场体系初步形成。到 1990 年末，全国城乡消费品交易市场达到 7.2 万个，成交额达到 2168 亿元；而在 1979 年，全国城乡消费品交易市场只有 3.9 万个，成交额只有 183 亿元。在这一阶段，各类市场主要以露天市场、简易大棚市场、水泥台市场等集贸市场的形式存在，组织管理相对松散，市场内的经营主体也多是小商贩或个体，市场内商品品类开始丰富；但市场数量和交易额都快速增长，整体上处于起步发展阶段，且相对孕育期，市场的存在形式、组织形态、经营主体、商户以及场内商品都有所提升。如果用现在转型升级的语言来表达，这就是我国商品交易市场的第一次升级，即由自发组织向有组织管理升级转变的阶段。

（四）商品市场分化（1992～1996 年）

随着我国发展社会主义市场经济方针的确立，商品交易市场建设成为我国市场经济体制构建的重要任务。1993 年 7 月 16 日，国家工商行政管理局发布的《商品交易市场登记管理暂行办法》（第 13 号）明确了加快培育和完善社会主义市场经济体系的任务和要求。在"改革现有的商品流通体系，发展商品交易市场"政策的推动下，全国各地都非常重视区域商品交易市场建设，掀起了多元化投资商品交易市场的热潮。各地商品交易市场数量快速增加，如湖北省在 1995 年底已有各类市场 4274 家，成交额达到了 423.65 亿元。江苏省在 1996 年末已有各类市场 5479 个，成交额达到了 2869 亿元。1998 年底，河南省共建成各类市场 2536 个，其中批发市场 534 个，零售市场 2002 个。在这一阶段，市场投资主体开始多元化，国有、集体、个体、私营、外资等多种经济成分并存。经营环境开始差异化，马路边露天市场、大棚市场、室内封闭市场等多种市场形态并存。

经营方式开始分层，批发市场、批零兼营市场和零售市场开始分化，国内很多知名的商品交易市场都是在这个时期奠定的基础。经过建设和改造，商品交易市场整体上处于投资主体多元化，市场数量增加，经营环境分化，经营方式分化，市场体系开始形成。

（五）商品市场规范提升（1997～2003年）

经过10多年的发展，我国商品交易市场数量快速增加，1998年达到了89177个。其中，大多数是集贸市场形式的马路市场、街边市场，存在规模小、布局差、卫生脏乱、阻碍交通、经营扰民等一系列问题，部分专业市场还出现了假冒伪劣、欺诈、强买强卖和流通无序问题。为了控制总量、优化结构、突出重点、维护市场秩序，规范提升成为这一阶段我国政府发展商品交易市场的主导政策。1995年，《国务院办公厅转发国家工商行政管理局关于工商行政管理机关与所办市场尽快脱钩意见的通知》（国办发〔1995〕40号）发布。1996年，国家工商行政管理局发布了《商品交易市场登记管理办法》（第54号），基于《商品交易市场登记管理办法》各地陆续出台了《商品交易市场登记管理条例》。"管办脱钩"为工商管理部门履行职责、加强对市场的监督管理和规范市场提供了行政基础；"市场登记"为工商管理部门"加强各类商品交易市场管理、规范市场开办行为、维护市场秩序"提供了有力抓手。在此期间，国家加大了对集贸市场"假冒伪劣、偷税漏税和藏污纳垢"问题的治理，加大了对专业市场"假冒伪劣"、市场"过多过乱"

的清理和规范。经过清理、整顿和规范，农村集贸市场数量下降，2001 年相较 1999 年减少了 5295 个；城市商品交易市场数量增加，2001 年相较 1998 年增加了 2672 个；部分专业市场数量大幅减少，如中药材市场经过整顿，只保留了 17 家，关闭、取缔或转营了 90 多家未经批准的药材市场或药品集贸市场。这一阶段，我国包含集贸市场、商品交易市场、批零兼营市场的立体式商品交易市场体系基本形成。同时，政府监管部门明确了职责，针对商品交易市场数量快速增加后，市场发展存在参差不齐、假冒伪劣、过多过乱和流通无序问题，加强了行政监管，推动了市场规范提升和有序发展。这一阶段是我国商品交易市场的组织形式、组织治理、运营主体及商户行为由不规范向规范转变提升的阶段，可谓是我国商品交易市场由无序向有序提升的第二次转型升级。

（六）商品市场结构调整（2004～2007 年）

经过前一阶段的清理、整顿和规范提升，在"管办脱钩"、"市场登记"和"加强监管"的引导下，我国商品交易市场的纵向立体式市场体系已经基本形成，逐步由数量增加、规范提升进入结构调整阶段。按照我国加入 WTO 的协议要求，2003 年底开放商品交易市场经营，2004 年 12 月 11 日后我国商品交易市场全面开放。2004 年，我国批准设立了 11 家外资批发企业。2005 年，商务部批准的外资批发企业多达 571 家，其中 303 家为生产资料批发企业，形成了外资商业进入我国的第一次热潮。在外资商业冲击和内部市场之间激烈的竞争下，我国商品交易市场在数量上开始减少，并且在结构上进行了自觉调整，主要表现为：一是传统形式的市场数量减少，大型规模市场和专业市场数量增加；二是农村集贸市场数量减少，城市商品交易市场数量先减少后增加；三是东部市场规模和辐射范围快速扩张，中、西部市场发展提升较慢；四是区域龙头市场崛起，外资市场并购盛行；五是新兴网络市场、物流市场和跨区域连锁品牌市场异军突起、发展迅猛。在这一阶段，繁荣市场与萧条市场并存，规模市场与专业市场提升，外资市场与内资市场角逐，新兴市场冲击传统市场；整个市场体系处于内外资、城乡、区域、现代与传统的综合结构调整阶段。另外，随着《中华人民共和国行政许可法》（2003 年）的颁布实施，《商品交易市场登记管理办法》于 2004 年 8 月废止，我国商品交易市场开始由市场登记向企业登记过渡，国家对商品交易市场的政策和监管也处于调整期。在这一阶段，伴随外资市场主体的进入和国内市场竞争的激化，一批缺乏竞争力的市场及农村市场逐步被淘汰；一批有竞争实力的市场开始向规模化、专业化转型，形成了一批区域龙头市场，譬如义乌小商品批发市场、杭州四季青服装市场、武汉汉正街市场、石家庄南三条市场、沈阳五爱市场、叠石桥家纺市场等。

（七）商品市场分化提升（2008～2012 年）

经过 30 多年的发展，我国已经形成较为完善的商品交易市场体系，各类商品交易市场竞相发展，部分进入品牌经营和提升阶段。特别是信息应用技术的成熟和互联网的快速普及，迅猛发展的网络市场对传统市场的冲击效应逐步显现。在此背景下，我国商品交易市场也开始进入利用信息技术改造、提升市场综合服务功能的转型发展阶段。如：昆明螺蛳湾日用商品批发市场的区域批发中心的展示模式；北京新发地农副产品批发市场（简称北京新发地）的商品交易市场与社区商业对接模式；海宁中国皮革城借助品牌优势相继在辽宁佟二堡、江苏沭阳、河南新乡、四川成都、黑龙江哈尔滨、天津、山东济南等地开办或在建了海宁皮革市场，开启了商品交易市场的连锁经营模式；深圳华南城和万达广场的城市综合体模式；临沂市场的物流园区模式；义乌商城的义乌购上线，启动的线上线下融合模式；各中心城市出现的商品交易市场外迁模式等。上述市场发展模式都是我国商品交易市场在这一阶段对转型升级的或主动或被动的探索。目前，我国商品交易市场在企业化、多元化、层次化和规模化、专业化、信息化的基础上，进入品牌化、连锁化、综合化、物流化、中心化、融合化的转型提升阶段。

（八）商品市场创新探索阶段（2013年至今）

在国际金融危机及欧债危机相继爆发的冲击影响下，在国内环境承载力、人口年龄结构和投资效率下降的综合约束下，我国经济增速自2010年以来开始持续下降，到2015年降至7.0%的低位，进入经济增速放缓的新常态，创新驱动成为我国经济转型的必然要求。在经济增速放缓的新常态下，创新成为我国经济转型的必然选择。党的十八大明确提出要实施创新驱动发展战略，坚持走中国特色自主创新道路。2016年5月，中

共中央、国务院印发《国家创新驱动发展战略纲要》，创新已经
成为我国的发展战略，各行各业都在努力寻求和探索各自创新
提升的方向。党的十九大进一步提出中国特色社会主义进入新
时代的方位判断，发展理念、发展思路都在进行深刻调整，创
新驱动已经形成共识。

商品交易市场作为经济运行的"晴雨表"和"风向标"，
对经济运行的感受自然非常敏感，是经济下行压力的最先感受
者。尽管经过 30 多年不断的转型升级，我国立体式"金字塔"
型商品交易市场体系已经形成，且近几年大型龙头市场在品牌
化、连锁化、综合化、区域中心化、物流化等方面做了积极的
提升和探索，但市场数量下降、商户生意难做、摊位空置率提
升、摊位租金减少依然是当前市场的真实写照。商品交易市场
传统的转型升级模式似乎已经遇到了突破瓶颈，很多市场经营
管理人员处于探索、感慨、迷茫与困惑阶段。他们认为在市场
管理、质量提升、品牌打造、综合服务，包括连锁拓展和电子
商务方面已经尽其所能进行了改造和提升，但市场效应并不明
显，下一步提升的方向在哪里，目前还没有找到，对市场的发
展方向和趋势的把握有些茫然。市场管理人员的这种困惑和茫
然的存在，一方面表明传统的提升模式缺失已经到了无法突破
的瓶颈，另一方面也表明创新模式正在孕育，也许不久就会应
运而生，全新的创新引领的高质量导向市场运营模式将会改变
市场的发展方向和发展模式。整体来看，目前商品交易市场处
于创新提升的孕育期和探索期的发展阶段，这需要政府、学界
和市场管理等多领域的人士共同努力破解，创新探索出我国商

品交易市场发展的方向和运行模式。

三　中国商品交易市场进入创新引领
高质量发展阶段

　　一般认为，基于交易场所条件及其功能的演进，我国商品交易市场发展大致经历了马路边或大棚式露天集贸市场、室内市场、商场化市场、商城化市场四个阶段。总之，商品交易市场是经济运行过程中进行商品交易的经济组织形式，是社会再生产过程中实现商品"惊险一跃"的关键环节，也是经济发展的"晴雨表"和经济发展状态的指示器。我国商品交易市场的发展演进历程表明，商品交易市场是经济发展的助推器，是繁荣经济、活跃流通、促进消费、孕育商机、技术创新和生产技术水平提高的"摇篮"，是经济发展、社会进步、人民生活提升和社会和谐的重要基石。商品交易市场的发展对我国经济社会的发展和进步已经做出了巨大的贡献。也许，随着创新探索出的市场发展方向和新模式的诞生，我国全新形态的商品交易市场会对我国未来的经济繁荣起到重要的推动作用。

　　我国商品交易市场起源于集贸市场，并且与我国的政治形势、经济政策密切相关。在场所形态上，其大致经历了马路边或大棚式露天集贸市场、室内市场、商场化市场、商城化市场四个阶段；目前处于以室内市场为主向商场化市场提升的多层次市场形式并存的状态。如果基于场内经营主体构成演进的视角，一般认为我国商品交易市场大致经历了小商贩、个体、企业法人、公司法人几个主体升级阶段；其经营形式大都经历了零星小买卖、小零售、大零售、批零结合、批发等几个转型提升阶段；目前，处于以固定个体商户和商业股份公司为主向商贸集团提升的多种主题形式并存的阶段。在组织形态上，一般经历了自发组织、有管理组织、组织提升、组织规范和现代组织几个组织提升阶段。在商品品类及商品质量上，大都经历了由品类少、质量差、价格低到品类多、质量不高、价格低，再到品类丰富、质量中档、价格适中，再到品类众多、质量层次不等、价位多样的阶段。如果基于场所和组织结构及功能演进相结合的角度，大致经历了集贸市场与城镇相互依托的集镇阶段；以市场规模扩张为基础，商户组织化程度不断提高、市场具有一定区域影响力的商品城阶段；在商品城的基础上，伴随市场的国际扩张和辐射范围的国际扩展形成的国际商业中心或国际商业都市阶段。整体上，我国商品交易市场经历了集贸市场恢复、商品交易市场起步、商品交易市场分化、商品交易市场规范提升、商品交易市场结构调整、商品交易市场分化提升几个阶段，目前我国商品交易市场已进入创新引领的高质量提升和功能分化阶段。

我国劳动年龄人口在2013年达到100582万人的高点后开始减少，至2018年底降至99357万人，5年减少了1225万人。与此同时，全国大范围雾霾天气的出现致使环保治理压力加大以及投资回报率下降等不利因素逐步显现。当前，各方面的压力都要求转变发展模式，提升经济发展质量，创新引领成为经济转型的必然要求和经济高质量发展的内在动力。党的十八大明确提出要实施创新驱动发展战略，各行各业都在努力寻求和探索各自创新提升的方向。党的十九大明确提出中国特色社会主义进入新时代，新思想、新理念、新目标和主要矛盾的变化对经济发展提出了高质量发展的新要求。商品交易市场尽管随着时代的进步经过了多次的转型升级，但目前传统的转型升级模式确实已经遇到了瓶颈。在调研访谈中，我们发现很多市场经营管理人员处于探索、感慨、茫然和困惑状态。市场经营管理人员这种困惑和茫然的存在表明传统的提升模式已经遇到了瓶颈，创新引领模式正在孕育形成。

四 中国商品交易市场整体高质量发展现状

伴随体制机制的变革和经济社会的进步，我国商品交易市场在历经孕育、起步、提升、规范及结构调整等七个发展阶段的提升后，已经形成了纵向多层次、横向多类别的立体式市场体系，其配置资源的能力得到极大的提升。随着我国经济增速放缓，结构调整及转型升级的推进，以及信息技术和网络技术应用普及性的提高，我国传统商品交易市场发展遇到了新的困境，创新成为当前市场突破困境的主题。整体上，我国商品交易市场开始快速减少，其现状如下。

（一）市场数量整体减少，市场内部结构调整

在新时代背景下，经济结构调整和供给侧结构性改革大力推进，创新发展、高质量发展成为大势所趋，商品交易市场传统数

量规模扩张模式遇阻，市场数量开始呈减少态势。截至 2017 年底，全国共有各类商品交易市场 51001 个，相较 2011 年的 64141个，减少了 13140 个，年均减少 2190 个，降幅为 20.49%，年均下降 3.75%；相较 2015 年减少了 4025 个，降幅为 7.31%。①

在分类结构上，消费品市场数量的减少占 90% 左右，生产资料市场数量的减少占比 10% 左右。在消费品市场细分结构上，农副产品、工业消费品及消费品综合市场都大量地减少，特别是工业消费品市场，减少数量最多、幅度最大。生产资料市场在 2015 年以前，只有工业生产资料市场数量减少；最近两年，除其他类外所有类别的生产资料市场数量都在减少。从商品交易市场数量调整趋势看，未来五年商品交易市场数量会继续减少，具体变动情况见表1。

表1　2011～2017 年商品交易市场整体数量变动情况

单位：个，%

项　目	2011 年	2014 年	2015 年	2017 年	2017 年同比 2011 年变动	2017 年同比 2011 年变动比例	2017 年同比 2015 年变动	2017 年同比 2015 年变动比例
市场数量	64141	57474	55026	51001	-13140	-20.49	-4025	-7.31
消费品市场	59256	53144	50886	47346	-11910	-20.10	-3540	-6.96
消费品综合市场	21513	21166	19612	17968	-3545	-16.48	-1644	-8.38
农副产品市场	28882	23616	23356	21862	-7020	-24.31	-1494	-6.40
工业消费品市场	8033	5405	5209	4892	-3141	-39.10	-317	-6.09
其他消费品市场	1570	2957	2689	2624	1054	67.13	-65	-2.42

① 从 2018 年起，国家工商总局不再统计市场数量，因而 2017 年底的数据是国家所做市场统计的最后整体数据。

项　目	2011 年	2014 年	2015 年	2017 年	2017 年同比 2011 年变动	2017 年同比 2011 年变动比例	2017 年同比 2015 年变动	2017 年同比 2015 年变动比例
生产资料市场	4885	4330	4160	3655	-1230	-25.18	-505	-12.14
生产资料综合市场	667	868	1074	881	214	32.08	-193	-17.97
工业生产资料市场	3549	2233	2070	1786	-1763	-49.68	-284	-13.72
农业生产资料市场	402	672	468	426	24	5.97	-42	-8.97
其他生产资料市场	267	557	548	562	295	110.49	14	2.55

资料来源：国家工商总局。

（二）市场企业法人登记数量减少较多，法人登记率处于低位

在市场数量整体减少的情形下，市场企业法人登记数量减少较多。譬如：2015 年相较 2011 年，已登记企业法人市场减少数量是整体减少数量的 1.82 倍，消费品市场中已登记企业法人市场减少数量是消费品市场整体减少数量的 1.76 倍，生产资料市场中已登记企业法人市场减少数量是生产资料市场整体减少数量的 2.24 倍。这意味着，在此期间已登记企业法人市场数量减少的同时，未登记企业法人市场数量在增加，或者已登记企业法人市场退出企业法人登记。

近两年，随着市场整体下行压力的加大，尽管市场数量减少的趋势加快，但已登记企业法人市场数量开始增加。2017 年相较 2015 年，市场数量减少 4025 个，已登记企业法人市场增加了 197 个；其中，消费品法人市场增加 343 个，生产资料法人

市场减少 146 个。在结构上呈现未登记法人市场关闭加快的现象，但市场企业法人登记率依然处于不到 60% 的低位。企业法人市场变动及市场法人登记率情况见表 2。

表 2　企业法人市场变动及市场法人登记率情况

单位：个，%

项　目	2011 年	2014 年	2015 年	2017 年
市场数量	64141	57474	55026	51001
其中：已登记企业法人市场	44229	29881	27614	27811
消费品市场数量	59256	53144	50886	47346
其中：已登记企业法人市场	40054	27233	25283	25626
生产资料市场数量	4885	4330	4160	3655
其中：已登记企业法人市场	4175	2648	2331	2185
市场企业法人登记率	68.96	51.99	50.18	54.53
消费品市场企业法人登记率	67.59	51.24	49.69	54.12
生产资料市场企业法人登记率	85.47	61.15	56.03	59.78

资料来源：国家工商总局市场司。

（三）市场数量调整深化，亿元以上市场减少

伴随商品交易市场的深化调整和网络市场的冲击，在商品交易市场数量整体大幅减少的情况下，我国亿元以上市场数量在 2012 年达到 5194 个的高点后也开始逐年减少。2017 年底，亿元以上市场数量降至 4617 个，相对 2012 年高点减少了 577 个，降幅为 11.11%；相对 2015 年减少了 335 个，降幅为 6.76%。亿元以上市场减少的数量和降幅均少于整体市场，其占比在市场整体中呈提升态势。这说明市场的规模结构调整已经由中小市场向亿元以上市场扩散，亿元以上市场调整的速度

在加快，短期内大型市场关闭的局面不会扭转。2018年，亿元以上商品交易市场数量较上年再次减少321个，几乎相当于前两年减少的数量（见图1）。这一方面印证了亿元以上商品交易市场减少的趋势，另一方面也意味着实体商品交易市场受网络市场冲击力度增大，对实体市场的压缩加速。

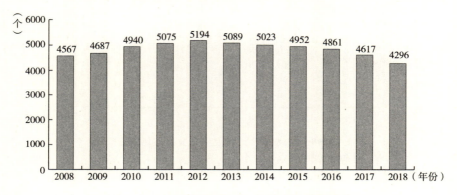

图1　2008～2018年亿元以上商品交易市场数量

资料来源：国家统计局。

（四）总营业面积减少，平均营业面积增加

改革开放以来，在经济快速发展和商品交易市场规模扩张模式的带动下，我国亿元以上商品交易市场数量和营业面积持续增加。直到2015年亿元以上商品交易市场营业面积达到30066万平方米的高点后开始逐年下降，到2017年底减少到了29692万平方米，2018年再次减少501万平方米，降至29191万平方米，且呈现延续加快下降的态势。尽管亿元以上商品市场总营业面积在减少，市场数量也减少得更快、降幅更大，但亿元以上商品交易市场平均营业面积呈继续增加态势，至2018年底平均营业面积增至6.79万平方米。这意味着，规模较小的亿

元以上商品交易市场受市场竞争挤压关停或者新建市场或者扩大市场规模。我国亿元以上市场营业面积及其平均营业面积变动情况见图2。

图2 2008~2018年亿元以上商品交易市场营业面积
资料来源：国家统计局。

（五）摊位数开始减少，平均摊位面积增加

2014年以前，随着市场数量的增加和市场规模的扩张，我国亿元以上商品交易市场的摊位数基本保持持续增长态势，且在2014年达到3554757个的峰值，然后开始逐年减少。至2017年底，亿元以上商品交易市场摊位数降至3347936个，相对峰值减少186821个。2018年，亿元以上市场摊位数再次减少169513个，降至3178423个，并呈现继续减少的态势。这几年，在摊位数和营业面积都在减少的情况下，亿元以上市场摊位平均面积持续增加，由2014年的83.65平方米增加到2017年的88.69平方米，再到2018年的92平方米。亿元以上商品交易市场摊位平均面积的持续增加，意味着小面积摊位市场关闭较多，或者经市场改造提升后的摊位面积在增加，其背后反映的是市

场内经营商户的规模化。我国亿元以上商品交易市场摊位数及摊位平均面积情况见图3。

图3 2008～2018年亿元以上商品交易市场摊位数及摊位平均面积
资料来源：国家统计局。

（六）交易额小幅增加，单位面积交易额触底回升

在2012年以前，我国亿元以上商品交易市场交易额一直保持10%以上的增速，至2012年交易额提升到93024亿元后增速放缓，在2015年甚至出现小幅下降，其后交易额触底回升，到2017年增加到108248亿元，2018年增至109373亿元。在市场交易总额小幅增加的基础上，市场平均交易额一直保持增长态势，但2013～2016年增速处于低位，2017年增幅再次突破10%，交易额达到23.45亿元；2018年增幅为8.57%，交易额达到25.46亿元。亿元以上商品交易市场的单位面积（每万平方米）交易额在2014年出现首次减少，近两年再次呈现增长态势，到2017年增加到3.65亿元，2018年增至4亿元。在交易额方面，总交易额、市场平均交易额和单位面积交易额都呈触底反弹的态势，体现了市场交易效率的提升。我国亿元以上商

品交易市场交易额的变动情况具体见图4。

图4　2008～2018年亿元以上商品交易市场交易额

资料来源：国家统计局。

（七）综合市场数量占比增加，专业市场数量占比下降

2012年，综合市场和专业市场数量均达到最高点，分别为1392个和3802个，其后，两者均开始逐年减少。2017年底，综合市场数量减少到1309个，相对高点减少了83个；专业市场减少到3308个，相对高点减少了494个。专业市场减少的数量接近综合市场减少数量的5.95倍，致使综合市场占比略有提升的结构微调。2018年，综合市场数量再次减少55个，至1254个；专业市场再次减少266个，至3042个，致使专业市场占比降至70.81%。2008～2018年我国亿元以上商品交易市场中综合市场与专业市场结构变动情况见图5。

（八）生产资料和消费品市场数量均减少，其他市场占比提升

亿元以上生产资料市场数量在2011年达到821个后就开始

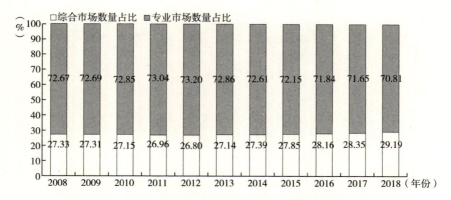

图5 2008～2018年综合市场与专业市场结构变动情况
资料来源：国家统计局。

减少，2017 年底减少至 654 个，6 年减少了 167 个；2018 年一年减少 105 个，降至 549 个。消费品市场在 2012 年达到 4056 个后也开始减少，2017 年降至 3585 个，5 年减少了 471 个；2018 年减少 248 个，降至 3337 个。其他市场一直到 2015 年数量都在增加，但 2015 年达到 399 个后也开始减少，2017 年降至 378 个，两年减少了 21 个；2018 年一年减少 11 个，降至 367 个。伴随生产资料市场、消费品市场和其他市场减少数量和减少幅度的差异，其结构也有了相应明显的微调，即生产资料市场和消费品市场数量占比都在下降，其他市场占比略有提升。我国亿元以上商品交易市场中的生产资料市场、消费品市场及其他市场数量结构变动情况见图 6。

整体来看，我国商品交易市场数量整体在快速减少，市场企业法人登记率处于低位，总营业面积在下降，市场平均营业面积在增加，市场总摊位数开始减少，摊位平均面积在增加，成交额小幅上升，市场内部数量结构调整加快。

图6　2008～2018年亿元以上商品交易市场结构
资料来源：国家统计局。

五　中国商品交易市场区域发展情况

（一）四大区域市场数量均减少，东部市场减少较多

2013年以来，四大区域中的东部地区市场、中部地区市场和东北地区市场数量都开始减少，只有西部地区市场数量还在增加。2015年以来，三大区域市场数量都开始减少，只有西部地区的新疆、宁夏、贵州和陕西市场数量还在增加。东部地区市场减少数量最多，2016～2018年分别减少66个、184个和184个；中部地区分别减少15个、5个和45个，其中河南、湖北和湖南减少的数量最多；西部地区分别减少6个、40个和34个；东北地区减少8个、6个和50个。可见，2018年，中部地区和东北地区亿元以上商品交易市场减少开始加快，特别是东北地区市场非常明显，具体见表3。

表3　四大区域亿元以上商品交易市场数量变动情况

单位：个

年份	东部	中部	西部	东北
2005	44	− 30	− 20	− 44
2006	348	129	57	23
2007	144	37	6	24
2008	160	92	96	65
2009	82	8	35	− 4
2010	117	90	42	2
2011	61	45	25	2
2012	53	24	31	7
2013	− 88	− 22	28	− 19
2014	− 51	− 33	30	− 13
2015	− 77	− 5	26	− 14
2016	− 66	− 15	− 6	− 8
2017	− 184	− 5	− 40	− 6
2018	− 184	− 45	− 34	− 50

资料来源：国家统计局。

（二）东北摊位数领降，东部减少数量多

2012 年，在其他区域摊位数还在增加的情况下，东北地区市场摊位数就减少了 2342 个，呈现摊位数全国领降的态势。2013 年，东部地区减少摊位 10856 个，中部地区减少 9425 个，东北地区减少 6894 个，只有西部地区摊位数保持增加态势，增加了 21344 个。2014 年，中部和西部地区市场摊位数逆势增长，分别增加 12802 个和 51908 个；东部市场摊位数减少趋缓，只有 7742 个；东北市场摊位数减少压力进一步加大，减少了 9384 个。2015~2018 年，东北地区市场摊位数减少加速，四年分别减少 6313 个、8578 个、1946 个、24850 个，特别是 2018 年，一年减少的数量几乎是前几年减少数量的总和。这意味着东北市场处境艰难，萧条境况堪忧。东部地区市场摊位数减少数量遥遥领先于其他地区，2017～2018 年分别减少了 94122 个和 132477 个，市场散发出丝丝寒意。中部地区市场摊位数呈波动状态；西部市场在 2017 年出现拐点，开始减少，一年减少 21952 个，但 2018 年又增加了 322 个。整体上，除西部地区外，全国市场摊位数都在减少，意味着市场内经营的商户退出数量在增加。全国四大区域市场摊位数变动情况见表 4。

表 4 四大区域市场摊位数变动情况

单位：个

年份	东部	中部	西部	东北
2005	45910	-447	-2122	-23892
2006	188898	54939	29393	5647
2007	82827	31057	17388	20972
2008	35990	36198	50924	19570
2009	105332	27625	30316	-6171
2010	99378	41886	52066	772
2011	68610	37125	22708	6313
2012	81530	40612	38414	-2342
2013	-10856	-9425	21344	-6894
2014	-7742	12802	51908	-9384
2015	-38740	-24646	4775	-6313
2016	-42778	10253	19071	-8578
2017	-94122	10051	-21952	-1946
2018	-132477	-8613	322	-24850

资料来源：国家统计局。

（三）市场营业面积东部压缩明显，中部、东北平稳，西部开始减少

2013 年，东部地区市场营业面积扩张结束并在一年内减少了 185 万平方米。经 2014 年和 2015 年的小幅波动后，2016 年和 2017 年开始快速减少，两年分别减少了 473 万平方米和 343 万平方米，2018 年再次减少 461 万平方米，可见东部市场营业面积扩张结束并已经开始压缩回调。中部地区市场营业面积还延续增加态势，但增加趋缓，2016 年增加 203 万平方米，2017 年增加 113 万平方米，2018 年增加只有 58 万平方米，增加趋势明显减缓。西部地区经过快速扩张，也在 2017 年开始减少，呈回调态势，2017 年减少 79 万平方米，2018 年减少 92 万平方米，进入营业面积减少压缩阶段。东北地区营业面积基本稳定，减少态势不太明显，2017 年减少了 7 万平方米，但 2018 年增加了 28 万平方米。我国四大区域亿元以上商品交易市场营业面积变化情况见表 5。

表 5　我国四大区域亿元以上商品交易市场营业面积变动情况

单位：万平方米

年份	东部	中部	西部	东北
2005	322	57	182	88
2006	1903	763	477	1742
2007	1674	1120	208	−1293
2008	1336	−267	30	173
2009	1682	162	98	71
2010	549	510	710	−161
2011	821	238	192	53
2012	932	336	322	39

续表

年份	东部	中部	西部	东北
2013	-185	104	1006	69
2014	-35	167	628	-61
2015	35	259	200	16
2016	-473	203	249	1
2017	-343	113	-79	-7
2018	-461	58	-92	28

资料来源：国家统计局。

（四）交易额东部、东北下降，中部波动下降，西部波动提升

经过多年的快速增长，东部市场交易额在2010年减速为个位数，2013年开始绝对减少，2016年和2017年降幅分别为2.72%和2.03%；2018年减少2.79%。东北地区在2013年突然由两位数的增长降至1.57%，然后一路下滑，尽管2017年出现5.16%的回升，但2018年降幅达到5.35%，呈现下滑态势。中部地区在2014年以前都保持两位数以上的增速，但在2014年猛然降至只有4.36%，2015年进一步降至1.08%，尽管2016年和2017年恢复至6%以上的稳定增幅，但2018年出现了2.29%的降幅。西部地区交易额增速在2012年降至个位数，2016年出现0.05%的降幅，2017年增幅提升到10.44%，但2018年降至4.84%。整体来看，东部地区商品交易市场发展较早也比较成熟，市场交易额最先减速，并受压下行，持续下降。东北地区市场交易额下行快且波动幅度大，显示其市场不稳定，风险较大。中部地区市场相对平稳，但最近也出现了下行压力。

西部地区市场发展最晚，出现下行压力的时间也较迟，直到 2016 年增速才首次为负。总之，截至 2018 年底，全国四大区域商品交易市场都开始下降，呈现整体减少态势。我国四大区域商品交易市场成交额增速变化情况见表 6。

表 6　我国四大区域商品交易市场成交额增速变化

单位：%

年份	东部	中部	西部	东北
2005	3.87	14.41	11.69	8.81
2006	22.01	31.15	26.67	19.57
2007	15.86	10.42	24.46	12.67
2008	10.93	22.48	38.25	32.30
2009	12.40	13.99	17.52	10.28
2010	3.60	22.17	28.44	23.84
2011	5.20	19.63	22.50	10.79
2012	5.61	17.05	7.65	13.70
2013	-1.06	10.66	14.71	1.57
2014	-0.20	4.36	9.56	-7.24
2015	0.20	1.08	4.05	-4.61
2016	-2.72	6.59	-0.05	-2.11
2017	-2.03	6.41	10.44	5.16
2018	-2.79	-2.29	4.84	-5.35

资料来源：国家统计局。

（五）市场平均营业面积东部波动，其他区域继续增加

2016 年东部市场平均营业面积达到了 5.97 万平方米，2017 年下降到了 5.94 万平方米，初步呈现市场营业面积减少的态势，但 2018 年增加到 6.22 万平方米。这可能与中小型亿元以上市场减少有关。中部市场平均营业面积在 2015 年突破 5 万平方米并一直延续增加态势，到 2017 年达到了 5.84 万平方米，2018

年提升到 6 万平方米。西部地区在 2015 年突破 8 万平方米，到 2017 年达到了 8.58 万平方米，2018 年达到 8.98 万平方米，这意味着西部地区市场面积规模可能还在扩张。东北地区市场平均营业面积自 2011 年以来呈增加态势，到 2017 年提升至 4.58 万平方米，2018 年增加至 4.64 万平方米。结合东北地区亿元以上市场数量减少的情况，可以推测其平均营业面积的增加与东部市场类似，可能是中小型亿元以上市场减少造成的结果。整体来看，东部和东北地区市场营业面积扩张时期已经结束，中部和西部区域市场可能依然处在面积扩张的阶段，但可以判定，全国商品交易市场营业面积扩张的阶段已经接近尾声。全国四大区域亿元以上商品交易市场平均营业面积变化情况见表 7。

表 7　我国四大区域亿元以上商品交易市场平均营业面积变化情况

单位：万平方米

年份	东部	中部	西部	东北
2005	3.94	2.69	4.86	2.55
2006	4.00	2.95	5.71	3.29
2007	4.21	3.52	6.10	8.94
2008	4.61	4.93	6.53	4.21
2009	4.82	4.02	5.31	3.95
2010	5.27	4.19	5.15	4.18
2011	5.25	4.33	6.02	3.73
2012	5.41	4.38	6.09	3.85
2013	5.61	4.62	6.30	3.89
2014	5.72	4.84	7.58	4.27
2015	5.80	5.20	8.17	4.25
2016	5.97	5.52	8.15	4.47
2017	5.94	5.84	8.58	4.58
2018	6.22	6.00	8.98	4.64

资料来源：国家统计局。

（六）市场单位面积交易额东部波动提升，中、西部及东北波动

在市场单位面积成交额方面，东部地区 2011 年以来整体保持持续增加态势，尽管在 2016 年有些许波动，但 2017 年和 2018 年增势明显。这意味着东部地区市场交易效率在快速适应市场变化的基础上不断提升。东北市场单位面积交易额仅次于东部，但在 2013 年达到 40243 元的高点后，近几年持续下滑，到 2018 年降至 36796 元。这反映出东北市场在市场转型和适应性上与东部存在较大差距。中部市场单位面积成交额相对稳定，保持在 2.8 万元左右，2018 年提升到 29273 元。西部市场单位面积交易额最低，2012~2017 年不断减少，由 22387 元降至 18880 元，2018 年提升到 21132 元，初步呈现好转态势（见表8）。从市场单位面积交易额来看，东部市场单位面积交易效率最高，市场营业面积使用效率还在不断提升。相对东部市场的高效率，东北市场单位面积交易效率在下降。中部市场尽管也略有提升，但提升速度低于东部市场。西部市场单位面积交易效率下降，但也出现好转苗头。这意味着，最近几年东部市场在转型升级和创新方面提升较快，中部市场的转型升级和创新探索在加快跟进，西部市场和东北市场的转型升级和创新相对滞后。

表8 四大区域市场单位面积交易额

单位：元

年份	东部	中部	西部	东北
2005	23223	19403	10519	22716
2006	25823	21402	10613	22284

续表

年份	东部	中部	西部	东北
2007	25988	18924	10728	9042
2008	26947	14136	12272	19985
2009	27871	18760	16770	23421
2010	2083	20352	18993	24674
2011	32903	21586	19307	34013
2012	34625	24328	22387	36333
2013	37292	26322	22120	40243
2014	39211	28462	20193	39107
2015	39827	28651	19622	37714
2016	39596	27452	19707	35609
2017	41407	28113	18880	34830
2018	44453	29273	21132	36796

资料来源：国家统计局。

六　中国商品交易市场的发展特点和创新引领趋势

经过多年的发展，我国商品交易市场已经形成了纵向包括初级形态的村镇街边集贸市场、大棚市场、市县室内市场、城市商城等，横向包括生产资料、消费品，以及综合市场和专业市场等多元立体市场体系，市场配置资源的功能逐步强化。

（一）我国商品交易市场发展特点

当前，从市场发展的整体来看，商品交易市场具有以下四大特点。

1. 市场数量供给基本饱和，市场数量扩张阶段结束

商品交易市场的发展经过了恢复、起步、规范、调整和提升几个阶段，进入市场数量扩张结束阶段。尽管在20世纪90年代中期的规范期和21世纪初的结构调整期，商品交易市场的数量也出现过减少，但在那两个时期，商品交易市场依然处于高速扩张、市场数量供给不足的发展阶段，经过短期的政策规范和调整后，依然会回到数量增加的正常发展轨道。2012年以来，伴随经济提质增效和经济发展方式的转变，特别是"三去一降一补"（去产能、去库存、去杠杆、降成本、补短板）五大任务和供给侧结构性改革的深入推进，商品交易市场的扩张发展模式也相应进入尾声，商品交易市场数量开始大幅减少。各类商品交易市场数量都出现了不同程度的减少；各区域商品交易市场数量基本都出现了不同程度的减少，特别是东部市场大省，市场数量减少得更多，只有中、西部个别省份的市场数量还略有增加。从新时代经济高质量发展要求的角度看，市场供给数量已进入饱和状态，启动了饱和淘汰机制。预计未来几年，商品交易市场数量还会继续减少，直到市场供给过剩的局面得到缓解。

2. 市场规模边际效应为负，传统市场规模扩张接近尾声

多年来，市场规模扩张是商品交易市场一种比较有效的发展路径。无论是老市场改建、扩建，还是规划建造新市场，新建、改建、扩建后的市场经营面积都要比老市场的经营面积大得多。多年来商品交易市场在数量增加的同时，市场规模也不断扩张，市场单体经营面积不断增加。2018年市场平均经营面积已经增加到6.79万平方米，并且近几年已经出现了经营面积

超过 100 万平方米，甚至 150 万平方米的单体商品交易市场。商品交易市场大型化、规模化、综合化一度成为前几年市场的建设方向和发展目标。尽管市场平均营业面积依然在不断增加，但市场单位面积交易额的增幅自 2011 年已经开始出现大幅下滑，2014 年和 2015 年实际为负增长，单位面积交易额绝对值也开始减少。事实上，传统市场扩张模式在 2013 年应该就到了平衡点，市场规模按照已有传统模式继续扩张带来的规模收益将小于其成本。如果继续坚持传统扩大市场规模模式，必然引致市场单位面积交易额的减少。整体来看，商品交易市场的传统规模扩张模式正在接近尾声，市场扩张的边际规模效应已经是负值，继续走规模扩张路线的市场以后将会面临较多的困难和压力。可喜的是，经过近三年的转型和创新，商品交易市场单位面积交易额开始再次增加，2016～2018 年，由 3.40 万元提升到了 3.75 万元，初步显示出市场转型和创新的成效。

3. 商户规模化经营动力趋弱，创新经营、提高效益初显

多年来，在市场营业面积持续扩大的带动下，市场内摊位平均营业面积不断增加。2015 年，亿元以上市场内的平均摊位面积已经提高到 86.68 平方米，2018 年扩大到了 91.84 平方米。相对市场发展初期十几平方米的档口摊位，商户经营条件大为改善。在市场单位面积营业额增长的带动下，摊位平均营业额也不断提高，2015 年提高到了 288.68 万元，2018 年增加到 344.11 万元。但鉴于单位面积营业额增幅的下滑，甚至趋于零的情况，市场平均摊位面积增加必然增加商户运营成本。商户从自身经营收益的角度衡量，对摊位面积增加带来的租金提高

的接受度越来越低。因而，近年来，亿元以上商品交易市场的摊位平均面积增加的势头趋缓。商户在摊位面积增加带来的租金成本上升以及市场单位面积交易额下降引致的经营收益下降的双重挤压下，对规模化经营的动力趋弱。与此同时，商户为了适应客户购买心理、购买行为和购买模式的变化，开始探索顺应市场趋势的经营模式创新。特别是近几年，在创新理念的引领下，市场内商户的创新模式不断出现，譬如批零结合模式、展示交易模式、渠道下沉模式、商品上线模式、网络直播模式等。

4. 市场企业法人登记意愿不强，企业法人登记率下降

市场企业法人登记是自 2004 年以来推进商品交易市场规范管理的一项重要举措，经过政府部门的大力宣传，特别是工商管理部门的有力推进，在 2011 年取得了一定的成效，市场企业法人登记率接近 70%，生产资料市场的登记率已经超过了 85%。但近年来，随着市场发展进入饱和期，加上市场数量和规模的调整，已登记企业法人市场大量减少，2015 年相较 2011 年减少了 16615 家，整体市场减少的数量也有 9115 家。这说明，规范登记为企业法人的市场数量在大量减少，同时，一些未登记企业法人市场还在增加。其背后反映的是市场开办主体的企业法人登记意愿不强。在已登记企业法人市场数量大量减少和未登记企业法人市场数量增加的情况下，这几年市场的企业法人登记率在下降。2015 年，市场的企业法人登记率已经由 2011 年的 68.96% 降至 50.18% [1]。

---

[1] 数据来自国家工商总局。2015 年后国家工商总局不再做相关统计。

（二）我国商品交易市场整体发展趋势

在改革开放推进的富起来的发展阶段，我国商品交易市场在繁荣市场、增强社会主义市场经济活力，优化资源配置、带动经济发展、提升经济质量，方便居民生活、增强居民幸福感等方面发挥了不可替代的重要作用。在新时代强起来的大背景下，伴随经济高质量发展的要求、人们对美好生活向往的需要、国家创新发展战略的提出和信息技术的广泛应用，我国商品交易市场呈现以下几个发展趋势。

1. 龙头市场规模化

随着经济体量的提升、生产规模和市场容量的扩大，我国商品交易市场涌现出 10 多家千亿级规模的超大型龙头市场。譬如，2018 年，常熟服装城建筑面积 150 万平方米，交易额为 1563 亿元；湖南高桥大市场建筑面积 160 万平方米，交易额为 1410 亿元；义乌中国小商品城营业面积 640 万平方米，交易额为 1358.42 亿元；中国东方丝绸市场建筑面积 200 万平方米，交易额为 1216 亿元；浙江绍兴中国轻纺城建筑面积 149 万平方米，交易额为 1214 亿元；其他超过千亿元的市场还有北京新发地、河南万邦国际物流城、河北白沟市场等超级大市场。这些市场规模体量大、集聚辐射性强，行业及区域影响力强，具有很强的示范效应，引领其他区域市场向规模化、品牌化和创新化发展。

2. 市场品牌化，品牌连锁化

我国商品交易市场由过去偏重外延扩张转向内涵发展，更加注重品牌打造，塑造市场形象，进行市场品牌输出。譬如，海宁中国皮革城在打造自身品牌的同时，借助品牌输出，在全国各地建立了十多家连锁市场。深圳市海吉星农产品物流园在品牌塑造的基础上，借助品牌输出在全国各地建立近40家连锁市场。安徽南翔集团在安庆光彩大市场的基础上，依托光彩市场品牌在安徽、山东、河南、四川等地建立多家连锁市场。义乌中国小商品城也深入推进义乌市场品牌内贸拓展战略，向全国各地输出义乌市场品牌。北京新发地也在积极推进品牌输出和品牌区域布局战略，为了配合京津冀协同发展战略，组建了河北新发地集团，立足协同发展、突出功能定位、推进转型升级，率先取得了良好的社会效益和示范作用。在全国范围内，商品交易市场的市场品牌化和品牌市场连锁化趋势显现。

3. 市场功能综合化

我国商品交易市场的功能从单一的商品交易平台逐步向集信息交流、物流配送、贸易洽谈、检测认证、展示展销等多功能于一体的综合平台提升。通过平台功能综合化提升资源整合能力，实现市场开办方、场内经营者及消费者多元主体利益一体化合作共赢的发展模式。如长沙黄兴海吉星国际农产品物流园分为七大功能区：标准化农产品交易区、电子化交易大厅、现代物流加工配送中心、农产品质量安全检测中心、物流仓储、综合服务配套设施、公用配套设施。湾田国际建材商贸物流园在功能整合的基础上提出了打造建材小镇的发展思路，呈现市场功能综合化和城镇化的趋势。河北新发地集团业务涉及农副物流园区建设、园区运营、城市综合配套开发、酒店运营管理、农副产品贸易、大宗产品购销、产业规划、建筑设计、物业运营、工程施工、创新金融服务、私募基金、产业投资等多个领域，成为多元业务并行发展的城市服务综合运营商模式。

4. 市场管理信息化

随着信息技术的成熟、互联网应用的普及和交易模式的改变，网络思维和网络技术在市场管理中得以广泛应用。国内大多数市场对信息基础设施及信息管理平台进行了改造提升。市场管理信息化水平得到很大的提升，不少市场提出了建设智慧市场的思路。如红星农副产品大市场提出打造智慧市场的思路，与深圳闪联公司合作构建了一个平台、三个数据库、七个子系统的新市场信息化平台。

5. 市场诚信一体化

诚信是市场经济的基石。市场和商户都越来越注重诚信体系的建设，注重诚信意识的培育，形成市场与商户共建共享诚信的良好局面。如湖南省一力物流钢材大市场通过健全稳定的信用制度和诚信管理制度，形成针对信用活动的约束监控机制、防患纠错机制、评估奖惩机制和导向模塑机制，赢得了市场口碑，也带来了诚信效益。市场与中国工商银行、中国建设银行等17家银行建立了长期稳定的战略合作关系，年商品融资授信额超200亿元，缓解了入园企业融资难、融资贵的问题。

6. 管理代际更替，新一代掌舵人渐成主流

我国商品交易市场发展至今，老一代市场人功不可没。他们把握富起来时代的趋势，踏准了富起来时代的节拍，勇搏市场经济建设的大潮，与市场经济共舞，成就斐然。40年后的今

天，踏潮而行的第一代市场掌舵者均已进入知天命之年，面临权力转移和管理代际更替的共同问题。大部分市场在这些方面都做了充分的准备，提前做了培育和安排，新一代掌舵人开始崭露头角。譬如，湖南高桥大市场董事长罗映红退居二线，只过问战略性、方向性的大问题，经营决策权交给二代团队。海宁中国皮革城任有法董事长退休，年轻的管理团队走上管理一线，探索创新发展的方向。与此同时，国有、集体所有制的市场管理团队也呈现专业化、年轻化的趋势。无论是时代发展的需要还是代际更替的必然，商品交易市场管理方面，年轻一代渐成主流，这为商品交易市场创新发展奠定了坚实的基础。

（三）我国商品交易市场创新引领趋势

1. 总结经验教训，创新融合新模式显现

近几年，面对电子商务和网络市场快速发展的冲击和市场传统规模扩张逐步受阻的困境，绝大部分大型商品交易市场都不同程度地尝试电子商务、参与在线交易，甚至伸出双臂积极拥抱电子商务，期望融入网络市场。有的市场采取的是通过高薪挖掘信息技术和电子商务人才，自己组建电子商务团队或网络市场拓展团队，开拓自己的网络市场。它们试图基于已有的实体市场优势，打造一个全新的网上市场，并通过将二者紧密结合起来带动既有市场的全新蜕变。有的市场是通过与新兴电商大佬合作（譬如阿里巴巴、京东）的模式，试图通过双方的合作寻求传统市场变革的路径。也有的市场采取自建自推的保守模式，基本是每年都在可承受或可接受的范围内对信息技术和网络平台进行部分投资，期望通过小步快走、自力更生的模式实现自我的革新。还有的就是一些小型市场，自知在电子商务和市场竞争激化的环境中生存和发展都比较艰难，采用了与传统市场或电商大佬结盟的融合模式或者采用加入第三方网络平台的融合模式。总之，这几年，商品交易市场在试水线上线下融合方面可谓是八仙过海、各显其能，但成效如何，不言自明，借用一位市场老总的话就是"教训比经验多，付出比收获多"。

但最近两年，一些商品交易市场开始冷静下来反思前期融合做法的经验教训，立足市场本身职能定位及市场职能分化趋势，开始积极探索创新融合的新模式，即在厘清市场功能的基础上理解市场功能分化，认识网络市场与实体市场的功能分工及市场发展趋势。在市场功能分工认识的基础上，在市场内设立电商培育区、网红区、直播区等新的融合模式，也有市场开始在物流、集中仓储、统一分拣、配送等领域创新发力，也有市场结合网络市场的需求，积极培育商户营销模式创新。总之，最近两年，商品交易市场进一步积极创新探索，呈现线上线下有效融合的新趋势。

2. 转型物流园区，探索市场转型升级的新方向

在传统规模扩张模式遇到瓶颈的同时，业内实体市场与电商融合的教训也触目惊心。商品交易市场的方向在哪里，一度成为业内人士共同的困惑。信息技术和电商的发展到底能将社会商业引向何处？实体市场该如何审视当前的形势？在现实中，一部分市场已经摆脱了已有的集贸市场—商场、商业城—综合

体的传统升级路径和发展模式，开始探索信息技术和电子商务背景下的实体市场的新定位、新功能、新模式，开始向物流园区方向转型，譬如河南万邦农产品综合物流园区。事实上，传统的转型升级模式一直是商品交易市场软硬件升级的过程，但其本质是处在市场升级的量变阶段中。当前，我们面临的市场转型升级是质变跃升，会引致市场定位和功能的分裂或分化。

我们知道，传统实体市场是商流、物流、资金流和信息流的集散地，具有实现商品交易的整体功能，因而我们称之为市场，且是完整的市场。目前，电子商务或网络市场已经能够实现商流、资金流和信息流的集散，但对物流集散无能为力，因而，我们称之为虚拟市场，或者不完全市场，因为物流必须在线下才能实现。信息技术和电子商务对传统商业或商品交易市场的改变必然在资金流和信息流领域，物流也会在信息技术的推进下进行相应的变革，但电子商务无法改变物流的商业根本性。本书认为，商品交易市场的功能正在分化，交易过程中的信息收集、检索，交易条件谈判、交易达成以及资金支付将会逐步向网络市场转移，物流从商业交易功能中分化出来。可见，未来实体市场要么转型为网络市场，要么转型为物流园区，最成功的模式就是网络市场与物流园区的新组合的融合模式。

3. 转型智能商城，赋能展示新体验

商品交易市场经过多年的发展，传统的规模扩张和硬件环境改善已经没有多大空间，信息技术应用驱动的软服务智能化成为商品交易市场转型升级的新方向。市场智能导航、精准定位，采购需求推荐、消费需求分析，为市场采购和消费者提供

了更便捷到位、优质精确的服务，提升了采购交易效率，增强了市场消费愉悦体验。义乌、华南城、四季青等知名商城均把智能化作为商城未来升级的主要方向，基于数字化、智能化转型的智联商城已经成为趋势。

传统实体商品交易市场的主要功能是商品及信息的集散、展示和交易，随着网络市场的快速发展，实体市场的商品与信息集散及交易的功能向网络市场分化转移。鉴于实体市场与网络市场各自满足采购和消费需求的优势，二者分工合作的局面正在成为未来市场的发展趋势。实体市场正在积极寻求与阿里巴巴、京东等网络市场大佬合作，整合各自优势；与此同时，实体市场利用贴近消费者、体验性强的优势，正在通过信息化为智能服务赋能，提升展示新体验。另外，实体市场也正在探求以展示为中心，拓展和培育研发设计、品牌孵化，提升商品交易市场的发展质量。

4. 打造供应链，引领新时尚

我国商品交易市场在进行运营模式创新的同时，也有借助市场在整个产业链中的综合集散优势开始探索产业链上下游的打造，试图通过产业链的打造获取新的竞争优势。无论是工业消费品市场还是农副产品市场都出现了相应的思路和创新方向。工业消费品市场的代表是南通家纺城，它们的创新方向主要在产业升级，主要思路是依托南通家纺城和叠石桥家纺市场（产成品市场）的超级交易聚集效应，向家纺设备交易市场及家纺设备制造和前端设计延伸，最终打造成家纺设备的设计、制造中心，占领高端设备技术市场，引领家纺业的发展方向。南通叠石桥的创新方向主要在产品价值链提升，其发展重心主要在产品价值环节，强调的是时尚引领，具体做法是引进创意、设计，向产品价值链的高端迈进。农业消费品市场中的北京新发地、深圳市海吉星农产品物流园等市场一般是从产业及产品价值双重的视角进行创新提升，主要思路和做法一是建立上游种植基地、保障产品供应的数量和质量，二是加强入场产品质量检测检验、确保食品安全，为民生提供更加可靠的保障。

综合评价
——商品交易市场百强榜单

中国商品交易市场：转型升级、综合评价与典型案例

第二章 | CHAPTER TWO

中国商品交易市场综合评价与百强排序

一 中国商品交易市场综合评价背景

党的十八大以来，我国经济社会进入新的发展阶段，经济增速放缓是大势所趋。2012年以来，劳动力人口开始逐年减少，环境承载力达到极限，雾霾天气引发的环境保护压力加大，人们对青山绿水的需求激增，由此，加快产业结构调整，促进经济转型，走集约型、可持续的新型发展道路成为既定的战略方向。党的十九大掀开了新时代的篇章，强起来成为新时代的音符，创新引领的高质量发展成为新时代的主旋律。在此背景下，商品交易市场作为中国特色社会主义市场经济配置资源的核心环节，如何推动创新发展、提升资源配置效率、提升经济发展质量，成为新时代政府、学界和业内人士面临的新命题。

在新时代高质量发展的要求下，有的地方政府基于土地使用效率、税收及城市交通环境的视角，认为商品交易市场是低端产业，并基于产业转型政策及城市发展定位，将其外迁或驱逐，譬如北京市政府、上海市政府。有的地方政府基于民生、社会稳定及城市发展的视角，将商品交易市场定位为民生产业，采取就地升级改造措施或者外迁升级措施，譬如长沙市政府。有的地方政府基于产业链或价值链的视角，认为商品交易市场是产业链或价值链实现的关键环节，是打造产业链、提升产业链的重要抓手，非常重视商品交易市场的质量升级，譬如浙江省政府、郑州市政府和中、西部的一些政府机构。鉴于当前不同区域政府及部门对商品交易市场认识的复杂性，中国商品交易市场研究项目组在国家市场监督管理总局市场司和浙江省人民政府的支持下，借助第十一届中国商品交易市场峰会召开的契机，对我国商品交易市场再次开展一次覆盖10多个省市的大规模市场调研，以了解和掌握我国商品交易市场的发展创新现状。

2019年6~8月，我们走访调研了全国10多个省市的主要商品交易市场，召开了10多次专家座谈会。在此基础上，我们基于商品交易市场的功能理论认知、测算逻辑和入选百强的评定标准，对所考察过的132家市场及专家推荐的10家市场进行综合评定。经过测算，第一次推出了中国商品交易市场综合百强排序榜单。由于是第一次综合测算排序，需要的数据比较多，数据筛选及清洗的工作量比较大，再加上本次百强评选采用的是自愿申报和专家推荐原则，有的知名市场因为各种原因没有申报或不愿提供数据，我们仅对收集到的10个省市的142家数据相对比较齐全的市场测算，并没有覆盖全国所有市场，也没有对市场进行分类测算，属于第一次综合百强测算排序。本次综合测算排序，尽管只是对数据资料相对齐全的142家商品交易市场进行排序，但这些市场分布在浙江、江苏、山东、湖南、河南、安徽、重庆、广东、四川等重要的市场大省（市），基本能够代表我国商品交易市场的总体发展水平，具有区域代表性和引领性，能够反映我国商品交易市场的创新发展方向和高质量发展举措，因而本次市场百强排行榜单基本名实相符，实至名归。

最后，需要强调说明有两点：一是申报原则。本次百强排序测算采取的是自愿申报和专家推荐原则。基于以上两个原则，国内一些比较知名的市场或者行业内比较知名的市场如果没有申报，也没有专家推荐，那么，项目组因无法获取市场数据而不在本次排名之内。特此申明！二是本次排序的目的不是单纯的排名和荣誉激励，而是树立高质量创新引领的发展标杆。本次中国商品交易市场百强排序，意在把握中国商品交易市场的发展现状，分析百强市场的不足和优势所在，探索商品交易市场发展的方向，引领全国市场走创新高质量发展的道路，为搞活流通、提高流通效率、降低流通成本、方便居民生活、实现居民美好生活需要提供思路和借鉴，进而促进中国经济高质量发展，为中国商业、中国流通强起来助力。

二 中国商品交易市场综合百强评价理论基础

（一）市场

市场起源于集市，是社会分工和商品经济发展的必然产物。社会分工越细，商品经济越发达，市场的范围和容量就越大。

市场在其发育和壮大过程中，也推动着社会分工和商品经济的进一步发展。随着社会分工和经济社会的发展，市场的概念和内涵不断深化，具有了以下三个不同层面的含义：一是指商品交换的场所；二是指各种市场主体之间交换关系的总和；三是指对某种或某类商品的消费需求。在这三种内涵中，"场所"是市场概念的本源和基础，"经济关系"是市场概念的社会化和泛化，而"消费需求"是泛化市场概念在营销管理领域的应用。综合市场概念的三种不同内涵，我们认为，"场所"是市场主体聚集的载体或平台，是市场形成的空间基础；"多主题聚集"是市场存在的表现形式；"交易"是市场主体聚集的目的，也是市场的核心功能；"经济关系"和"消费需求"分别是市场概念的延伸和在营销管理中的具体应用。这样，市场的本质就是基于一定的场所或空间载体，由多主体为了交易进行聚集而形成的复合型经济组织。

（二）商品交易市场

目前，国内不同的部门和机构对商品交易市场有不同的理解，各地政府为了管理商品交易市场也给出了不同的定义。现有的市场概念大都是从存在形式上将市场定义为交易场所、交易的场所，或者以市场定义市场。这样的定义都没有体现出商品交易市场的主体本质和交易功能。我们认为场所只是经济空间载体，不是经济组织主体，更不是法人主体或自然人主体，因而，无法反映商品交易市场的多主体性、聚集性及其组织性和经济性。如果将商品交易市场理解为场所，那么必然造成市

场主体的缺失和政府市场监管对象的混乱。基于此，我们认为
商品交易市场是由开办主体依法提供场所或平台载体和服务，
经营主体和消费主体在场所或平台载体聚集、在遵守开办方的
管理规则和享受其提供服务的基础上进行合法、自主交易的复
合型经济组织形式。

这样，在将商品交易市场定义为复合型经济组织的基础上，
市场主体就包括开办主体、经营主体、消费主体和服务主体等
多个主体，并且各主体在组织内的定位、功能和职责明确。市
场开办主体提供场所、基础设施以及管理服务，主要职能是依
法为市场提供场所或平台和管理服务。经营主体聚集到场所或
平台，享受开办主体提供的服务并接受管理，主要职能是依据
市场规则进行自主合法交易。消费主体是聚集到场所或平台进
行自主采购的其他经营者和消费者，主要职能是采购和购买消
费。市场服务主体是为各类市场主体提供服务、促进交易便利
和顺利实现的主体，主要职能是为市场交易提供服务支撑。

（三）商品交易市场的经济社会功能

商品交易市场的发展与国家和区域的经济社会发展及其所
处的发展阶段密切相关。在国家和区域经济发展的起步阶段，
商品交易市场作为市场交易活动的主要载体，对国家和区域经
济社会的发展、经济社会活力的激活、经济繁荣的促进发挥着
催化剂的作用。伴随经济社会的发展和市场交易活动需求的升
级，商品交易市场也通过不断改造升级改变着自身的存在形态。
在经济社会发展趋于成熟、市场交易活动在信息技术和网络应

用逐步普及的背景下，商品交易市场通过传统的硬件改造、软件管理环境改善的升级模式遇到了难以破解的瓶颈，面临着需要调整发展模式和转变升级路径的转型压力和挑战。这是当前我国商品交易市场发展面临的难以回避的大形势。在此背景下，商品交易市场的转型升级、线上线下融合以及产地引领成为其寻求进一步适应经济社会发展模式转型升级及满足市场交易需求的突破口和路径选择。

（四）商品交易市场的竞争本质及其导向

从商品交易市场的供给和经济社会需求的适应性来看，我国商品交易市场在全国范围内的供给已经进入相对饱和的阶段。这一方面表现为一些"僵尸"市场的存在，另一方面表现为商品交易市场之间竞争的激化，进而引致市场数量的减少和市场整体单位交易额的减少。商品交易市场整体趋于饱和还表现为市场规模化扩张的停滞。事实上，我国商品交易市场之间的竞争，表面上表现为商品交易市场与市场之间争夺经营商户，实际上是不同区域间产业与产业之间的竞争，更是产业链与产业链之间的竞争，归根结底是区域经济发展之间的竞争。在区域经济相互激烈竞争下，商品交易市场供给过剩也是无法回避的事实。总之，无论是经济社会发展的需要还是区域间经济发展竞争的需要，在一定程度上都会表现为各地商品交易市场间的相互竞争。在商品交易市场之间竞争的过程中，具有产业优势或产业链优势的产业结构优势区域的商品交易市场，其竞争优势将会得到进一步强化。这些具有较强竞争力的市场一部分会在国家和当地政府的引导下实现变革性的转型升级，实现商品交易市场的新蜕变，进而实现适应经济社会发展和市场交易新变化并进入全新的发展轨道。

（五）商品交易市场竞争力排序测算的逻辑

商品交易市场做强的第一必备条件是市场吸引力。市场吸引力是市场吸引市场主体聚集的能力。市场结构及其本质功能决定了市场吸引力的决定因素是市场规模，市场规模越大其吸引力越强，市场规模越小其吸引力越弱。市场规模是市场拥有竞争力的必要基础和做强的基本保障，其决定因素主要包括市场运营面积、市场交易额和市场总资产。

商品交易市场做强的第二必备条件是市场管理能力。市场管理能力是市场开办或管理主体对市场内交易和服务主体的管理能力。商品交易市场作为载体或平台的多组织聚集形态，需要规则制约和管理协调服务。市场的管理协调能力越强，市场内的交易环境、交易秩序越好，市场就越繁荣；反之，则市场越混乱越无序越弱。管理能力的主要决定因素是管理队伍的规模、素质、结构，管理手段的科学化、现代化程度，管理教育的广度与深度，管理科学的研究与理论水平等。

商品交易市场做强的第三必备条件是市场运营力。市场运营能力是市场开办主体或运营主体对市场运营的能力。市场开办主体或运营主体作为经济组织必须具备自身的运营能力。市场运营能力越强，其扩张的愿望和动力越强；市场运营能力越弱，其扩张的愿望和动力越弱，甚至会因运营不善而退出。反映运营能力的主要指标是总收入、毛利润、净利润和摊位或档口或商铺出租率。

商品交易市场做强的第四必备条件是市场培育引领力。市场引领力是市场开办主体或管理运营主体带动市场交易主体、服务主体及消费主体跟随的能力。经济社会发展以及技术进步均具有自身的规律性和阶段性。在不同的发展阶段，经济社会发展和技术进步均体现出自身的阶段趋势性，商品交易市场开办主体或运营管理主体需要把握规律和趋势，引领场内其他主体顺势发展。当前，市场培育引领力主要包括线上经营户、线上就业人数、企业制商户、规模商户等。

（六）商品交易市场竞争力排序测算模型

依据竞争力理论和商品交易市场竞争力排序测算逻辑，项目组提出了基于三个层面的商品交易市场竞争力排序测算指标体系。

第一个层面是市场的吸引力。即市场的准入状况与市场的美誉度对经营商户和市场顾客的吸引能力及其带来的市场辐射范围。衡量吸引力的指标主要包括：市场规模、市场交易额、市场总资产、市场准入状况，摊位租金变化、经营户的变化，市场的美誉度、诚信度，当地政府对市场支持政策等。

第二个层面是市场的管理力。即市场管理规章制度的规范性和透明度，市场经营人员的服务意识与创新服务、营销开发市场的能力，市场管理费用及其比例，与市场配套的物流配送能力和市场信息化服务水平，市场经营者与政府和中介机构的协调沟通能力，市场经营的基础硬件设施，经营户的经营模式与创新能力等。

第三个层面是市场的影响力和培育力。影响力即市场的知名度和聚合力，主要指标有市场总收入、毛利润、净利润、摊位或档口或商铺的出租率、商户经营状况，商户的满意度和未来信心，与市场经营相关产业的集聚状况，商品本身的影响力，市场的引导力与辐射力等。培育力是培育商户和引领商户创新的能力，主要包括线上经营户、线上就业人数、企业制商户、规模商户等。

根据上述分析选取指标，构建商品交易市场综合评价指标体系。

三　2019年商品交易市场综合百强申报标准

依据商品交易市场综合百强评价测算理论和逻辑要求，按照吸引力、管理力、影响力及培育力评价模块中的指标，自愿申报及专家推荐的商品交易市场百强的单位需满足以下基本要求。

（一）基本要求

（1）市场合法依规设立，经市场监管部门及相关部门注册备案，依法合规纳税缴费。

（2）市场环境整洁有序，信息设施配置到位，基础设施配置较好，消防安全器材齐备，近三年没有发生消防安全事故。

（3）市场管理机构健全，规章制度完备；设有投诉处置机构，争端处理满意率98%以上；近三年无涉黑涉恶案件发生。

（4）市场内商品丰富，同业品类齐全；2018年交易额在100亿元以上；产业的带动能力增强，促进产业升级功能提升；市场辐射区域至少3个省份；市场内商户运营规范，规模商户增加；商户诚信度高，被相关部门认定为诚信市场。

（二）吸引力指标

（1）市场运营环境：主要包括政府对市场的重视度，市场发展规划及相关支持政策；市场整体环境、软硬件综合设施便利性；市场服务需求响应的及时性。

（2）市场定位：主要是指产地型市场（一级批发市场、二级批发市场）、集散型市场、销地市场（总代市场、区代市场、零售市场、批零市场）。

（3）市场品牌：主要包括市场品牌的知名度（国家知名市场、区域知名市场），市场内品牌商户及其占比，市场内经营商品品牌数及其占比。

（4）商户性质：主要包括市场内企业商户数，营业收入千万元以上的商户数及其占比；市场内营业收入亿元以上的商户数及其占比。

（三）管理力指标

（1）管理人员：主要包括管理人员数，本科以上管理人员数，硕士以上管理人员数等。

（2）管理规范：主要包括管理制度、管理教育培训、管理信息化水平等。

（3）管理费用：主要指管理财务费用及其在市场收入中的占比。

（四）影响力指标

（1）市场辐射范围：主要是指市场的覆盖区域，跨区域覆盖或全国区域覆盖，甚至是国际市场覆盖等，申报市场的辐射区域至少3个省份。

（2）同类市场排名：是指市场在同类市场中的排名，至少列出前20名国内同类市场，并列出自己在同类市场中的排序。

市场分类说明如下。

市场在大类上分为消费品市场和生产资料市场，每大类市场同时划分为综合市场和专业市场。在综合市场和专业市场划分的基础上，消费品市场又划分为农副产品市场和工业消费品市场。具体分类如下。

（1）综合市场：包括生产资料综合市场、工业消费品综合市场、农产品综合市场、其他综合市场。

（2）生产资料专业市场：包括煤炭市场、木材市场、建材市场、化工材料及制品市场、金属材料市场。

（3）农副产品专业市场：包括粮油市场、肉禽蛋市场、蔬菜市场、干鲜果品市场、水产品市场、棉麻土畜、烟叶市场、食品饮料市场、其他食品饮料烟酒市场、茶叶市场、烟酒市场、其他农产品市场。

（4）工业消费品专业市场：包括布料及纺织品市场、服装市场、鞋帽市场、其他纺织服装鞋帽市场；小商品市场，黄金、珠宝、玉器首饰市场，家电市场，通信器材市场，计算机及辅助设备市场，医药、医疗用品及器材市场，家具市场，装饰材料市场，灯具市场，五金材料市场，汽车、摩托车及零配件市场，花鸟鱼虫市场，旧货市场，图书、报纸杂志市场，其他专业市场等。

四 2019 年商品交易市场综合百强测算

（一）市场选择：市场协会（市场监督管理局）与专家推荐

百强市场备选市场选择主要采取各省市市场监督管理局推荐、各省市市场协会推荐与专家推荐三种模式。市场选择方式原则上以自愿申报且各省市市场协会同意推荐为主，但鉴于在行政机构改革调整过程中，大部分省市取消了市场协会，或者部分省市的市场协会推荐存在困难，对于协会推荐有难度的省市，暂由新设立的市场监管局下设的网监部门推荐。对市场协会和市场监管局下设的网监部门推荐均存在困难的省市，采用专家推荐方式。经过自愿申报和市场协会、网监部门或专家推荐提名、填报申报资料的市场，经项目组收集、整理进入中国商品交易市场百强测算评价库。

（二）实地调研考察

对进入评价库的商品交易市场采用重点选择和随机选择两

种方式。对选取市场要进行实地考察。对选出的需要实地考察
的市场，组织评审专家进行实地调研，考察市场的整体发展情
况、市场发展战略及高质量创新发展思路，并重点考察目标市
场的百强评价指标情况。实地调研考察后，市场考察人员结合
百强测评各项指标，核实市场填报数据的真实性。如果填报数
据有误或者偏差较大，考察人员与填报人员再次交流，更正数
据，尽可能保证数据的客观性和真实性。

（三）综合百强排序测算指标体系

基于商品交易市场排序的要求，依据商品交易市场竞争力
测算模型，结合商品交易市场申报数据的实际情况，为了实现
排序目标、保证指标量化可比，项目组对竞争力模型中的指标
做了二次筛选和组合。二次筛选的基本逻辑是，百强市场的基
础是规模，管理力是保障，运营力是动力，培育力是体现。具
体而言就是，市场规模是市场强的前提条件，没有规模的市场
能够做精但很难做强，市场规模越大，做强的空间越大、做强
的基础越坚实。管理协调能力是市场做强的组织保障，管理协
调能力越强，市场环境、市场规则、市场秩序越好，市场越繁
荣、越有活力；管理协调能力不足，市场必然失序，很难做强。
运营能力是市场做强的动力，市场运营能力越强，经济收益和
社会收益越高，市场扩张的动力越大，做强的动力越足；反之，
即使规模和管理能力都具备，但受运营能力的制约，做强的动
力和能力也会受限。市场作为多主体的经济复合组织是各市场
主体的"摇篮"，市场内主体成长得越快，新型主体越多，市场

活力和竞争力越强，是市场强大的综合体现；反之，市场主体成长缓慢，甚至停止成长或者萎缩，市场就很难强大。总之，沿着规模—管理—运营—培育的主线，项目组提出了以规模为代表的吸引力指标，以管理人员为代表的管理力指标，以线上经营户、企业制商户等为代表的培育力指标。其中，吸引力指标包含资产规模、运营规模和交易规模 3 个二级指标。管理力指标包含管理人数、高级管理人数 2 个二级指标。运营力指标包含总收入、净利润和摊位出租率 3 个二级指标。培育力指标包含线上经营户数、线上就业人数、企业制商户数、规模上户数 4 个二级指标。这样就构成了由 4 个一级指标和 12 个二级指标构成的商品交易市场百强测算指标体系。评价测算指标及其释义具体见表 1。

表 1　商品交易市场百强测算指标及其释义

指　标		指标解释
吸引力	资产规模	隶属于市场开办主体的总资产
	运营规模	市场运营面积
	交易规模	市场内交易额或成交额
管理力	管理人数	市场管理人员数
	高级管理人数	市场内本科及以上管理人员数
运营力	总收入	市场开办主体总收入
	净利润	市场开办主体净利润
	摊位出租率	市场摊位出租率
培育力	线上经营户数	市场内上线经营户数
	线上就业人数	市场内线上就业人数
	企业制商户数	市场内企业制商户数
	规模商户数	市场内营收千万元以上商户数

（四）商品交易市场百强排序算法

排序首先需要解决可比性问题，单一指标可以直接排序，不存在不可比性问题，但多指标综合排序可比性是面临的首要问题。为了做不同量纲下的多指标综合比较排序，需要对各指标进行无量纲或标准化处理。本次商品交易市场综合百强测算的具体做法是以推荐申报的 142 家商品交易市场中各项指标均比较完备的 130 家市场各项测算指标的平均值为标准值，各家市场各项指标的数据均与相对应指标的平均值做比较，得到去除量纲后的测算值。然后，基于各市场的测算值，按照测算值计算吸引力指标、管理力指标、运营力指标和培育力指标值。接下来，将吸引力指标、管理力指标、运营力指标和培育力指标各项加总，得出各家市场的综合指数值。最后，依据综合指数值按照由高到低的顺序进行排序，得到数据实测的市场自然排序。这就是数据实测计算出的商品交易市场综合自然排序，取其前 100，得到数据测算的商品交易市场百强。

在推荐申报的 142 家商品交易市场中，有 12 家测算数据不全，它们分别是浙江天猫网上商城、国家级重庆（荣昌）生猪交易市场、北京新发地农副产品批发市场、河南万邦国际物流城、北京旧机动车交易市场、深圳市海吉星农产品物流园、海城市西柳服装城、北京大洋路农副产品市场、商丘农产品中心批发市场、沈阳五爱市场、贵阳西南国际商贸城和南昌市洪城大市场。在得到数据测算商品交易市场百强后，召开专家评审交流会，并将这 12 家市场是否入围商品交易市场百强排序榜单及其排序问题征求专家意见。在与会专家分别对这 12 家市场的规模、管理能力、运营能力和培育能力及其知名度和影响力进行综合考虑的基础上，认为这 12 家市场应该入选中国商品交易市场综合排序榜单。然后，对这 12 家市场的排序进行深入的研讨，并依据比较法对市场在百强中的排序进行插序。经过专家经验比较穿插，得出中国商品交易市场综合百强榜单。

（五）申报市场整体情况

本次商品交易市场百强评估共收到推荐申报市场 142 家，其中，130 家推荐申报市场的数据相对比较齐全。这 130 家市场的规模、管理、运营和培育数据，基本能够反映入选商品交易市场百强的整体情况。

在市场规模指标方面，市场总资产均值为 33.06 亿元，排名第一位的义乌中国小商品城总资产为 268.8 亿元，排名第 100 位的菏泽花都商埠总资产为 5 亿元。市场平均营业面积为 46.75 万平方米，排名第一位的义乌中国小商品城为 640 万平方米，排名第 100 位的长沙黄兴海吉星国际农产品物流园为 12 万平方米。在交易规模指标上，排名前几位的义乌中国小商品城、常熟服装城、浙江绍兴中国轻纺城、河北白沟市场等均超过了 1000 亿元，而成交额排名第 100 位的安徽西商农产品批发市场交易额只有 120 亿元。

在运营指标方面，市场收入平均值为 1.07 亿元，最高的义乌中国小商品城为 35.9 亿元，第 100 位的山东舜王中药材市场为 0.32 亿元。市场净利润平均为 0.67 亿元，排名第一位的义乌中国小商品城为 10.8 亿元，排名第 100 位的无锡金桥国际食品城为 0.08 亿元。摊位出租率均值为 95.02%，在出租率上能入围百强的市场都在 95% 以上。

在管理指标方面，管理团队平均人数为 181 人，排名第一位的义乌中国小商品城管理人数为 4562 人；排名第 100 位的华强（临沂）灯具城为 37 人。高级管理人员均值为 52 人，排名第一位的义乌中国小商品城为 1359 人，排名第 100 位的重庆龙水五金市场为 10 人。

在培育能力指标方面，线上交易额均值为 62.51 亿元，排名第一位的义乌中国小商品城线上交易额为 2368.3 亿元，排名第 100 位的安徽西商农产品批发市场为 0.8 亿元。线上经营户数均值为 1822 户，排名第一位的国家级重庆（荣昌）生猪交易市场线上经营户为 44896 家，排名第 100 位的辛集皮革城为 89 家。市场企业制商户数均值为 868 户，排名第一位的浙江绍兴中国轻纺城企业制商户数为 11443 家，排名第 100 位的临沂商城华东胶合板市场企业制商户数为 100 家。市场规模商户数均值为 386 户，排名第一位的常熟服装城为 4000 户，排名第 100 位的无锡金桥国际食品城为 49 户。

基于以上规模、运营、管理和培育四个方面的综合指标，计算出各家市场的综合竞争力指数。依据指数的大小进行综合排序，得出 2019 年度中国商品交易市场数据测算排序前 100 强。然后，对申报数据不全及申报数据不具备测算条件的 12 家推荐申报市场征求专家意见，采用专家审议是否入选百强，并对提议入选市场采用插序的办法，将入选市场插入数据排序百强市场。这样，数据测算百强中的市场因为插序，部分市场调出百强市场名单。最后，形成 2019 年度中国商品交易市场百强综合排序榜单。

五　中国商品交易市场综合百强榜单

根据"第十一届中国商品市场峰会"的安排，中国社会科学评价研究院商品交易市场研究项目组在全国范围内开展评选认定"中国商品市场百强"活动，经过各省市市场协会、市场监管局推荐和商品交易市场专家推荐，以及项目组专家实地调研和考察，在综合考虑市场硬件基础设施、软件规范完善程度、服务意识、能力和水平的基础上，依据能够反映市场吸引力的规模指标，能够反映管理力的管理人员指标，能够反映运营力的收入和利润指标，能够反映市场培育力的线上商户、就业人员和企业制商户及规模商户的指标，经综合测算和依据专家比较穿插意见，得出中国商品交易市场综合百强榜单，具体见表 2。

表 2　2019 年度中国商品交易市场综合百强榜单

排名	市场名称	所属地区
1	义乌中国小商品城	浙江金华
2	浙江天猫网上商城	浙江杭州
3	浙江绍兴中国轻纺城	浙江绍兴
4	河北白沟市场	河北保定
5	中国东方丝绸市场	江苏苏州
6	成都国际商贸城	四川成都
7	海宁中国皮革城	浙江嘉兴

排名	市场名称	所属地区
8	常熟服装城	江苏常熟
9	叠石桥家纺市场	江苏海门
10	湖南高桥大市场	湖南长沙
11	河南万邦国际物流城	河南郑州
12	南通家纺城	江苏南通
13	余姚中国塑料城	浙江宁波
14	桐乡市濮院羊毛衫市场	浙江嘉兴
15	北京新发地农副产品批发市场	北京丰台
16	海城市西柳服装城	辽宁海城
17	北京旧机动车交易市场	北京丰台
18	青岛市城阳蔬菜水产品批发市场	山东青岛
19	浙江永康中国科技五金城	浙江金华
20	湾田国际建材商贸物流园	湖南长沙
21	红星农副产品大市场	湖南长沙
22	深圳市海吉星农产品物流园	深圳龙岗
23	沈阳五爱市场	辽宁沈阳
24	中南汽车世界	湖南长沙
25	宁波华东物资城	浙江宁波
26	商丘农产品中心批发市场	河南商丘
27	海外海杭州汽车城	浙江杭州
28	湖南省一力物流钢材大市场	湖南长沙
29	河北新发地农副产品物流园	河北保定
30	贵阳西南国际商贸城	贵州贵阳
31	安庆光彩大市场	安徽安庆
32	沧州东塑明珠商贸城	河北沧州
33	东莞市大京九塑胶原料市场	广东东莞
34	南昌市洪城大市场	江西南昌
35	聊城香江光彩大市场	山东聊城

续表

排名	市场名称	所属地区
36	中国东海水晶城	江苏连云港
37	青州花都花卉苗木交易中心	山东潍坊
38	鸦鸿桥市场	河北唐山
39	金田阳光连锁市场	浙江杭州
40	重庆双福国际农贸城	重庆
41	周村国际家居博览城	山东淄博
42	徐州宣武市场	江苏徐州
43	清河羊绒小镇	河北邢台
44	花园红木家具城	浙江金华
45	北京大洋路农副产品市场	北京朝阳
46	济南维尔康肉类水产批发市场	山东济南
47	中国亳州中药材专业市场	安徽亳州
48	邹区灯具市场	江苏常州
49	江苏凌家塘市场	江苏常州
50	中国即墨服装批发市场	山东青岛
51	中国宝石城	山东潍坊
52	江苏湖塘纺织城	江苏常州
53	合肥周谷堆大兴农产品国际物流园	安徽合肥
54	无锡朝阳农产品大市场	江苏无锡
55	张家港保税区纺织原料市场	江苏张家港
56	浙江大唐轻纺袜业城	浙江绍兴
57	菏泽花都商埠	山东菏泽
58	杭州四季青服装市场	浙江杭州
59	路桥中国日用品商城	浙江台州
60	太和电子城	河北石家庄
61	钱清中国轻纺原料城	浙江绍兴
62	临沂汽摩配城	山东临沂
63	绍兴市越州轻纺市场	浙江绍兴

续表

排名	市场名称	所属地区
64	华东国际珠宝城	浙江绍兴
65	江阴贯庄金属材料市场	江苏江阴
66	博兴县兴福镇黑白铁市场	山东滨州
67	宁波中国液体化工产品交易市场	浙江宁波
68	永年标准件市场	河北邯郸
69	舟山国际水产城	浙江舟山
70	临沂瑞兴教育用品市场	山东临沂
71	辛集皮革城	河北辛集
72	嘉兴水果市场	浙江嘉兴
73	宁波保税区进口商品市场	浙江宁波
74	义乌农贸城	浙江金华
75	金乡大蒜国际交易市场	山东济宁
76	嘉兴建材陶瓷市场	浙江嘉兴
77	长沙黄兴海吉星国际农产品物流园	湖南长沙
78	海宁中国家纺城	浙江嘉兴
79	寿光地利农产品物流园	山东潍坊
80	滕州市农副产品物流中心	山东枣庄
81	浙江金恒德汽车物流广场	浙江杭州
82	夏溪花木市场	江苏常州
83	浙江东阳中国木雕城	浙江金华
84	杭州意法服饰城	浙江杭州
85	重庆菜园坝水果市场	重庆
86	瑞安商城	浙江温州
87	山东泰山钢材大市场	山东泰安
88	江苏华东五金城	江苏泰州
89	浙江临杭金属材料市场	浙江湖州
90	滕州真爱商城	山东枣庄
91	浙江织里童装市场	浙江湖州

排名	市场名称	所属地区
92	潍坊豪德贸易广场	山东潍坊
93	金华农产品批发市场	浙江金华
94	国家级重庆（荣昌）生猪交易市场	重庆
95	浙江南浔建材市场	浙江湖州
96	绍兴汽车市场城	浙江绍兴
97	杭州余杭江南国际丝绸城	浙江杭州
98	渤海水产城水产品交易批发市场	山东潍坊
99	东岳国际花木城	山东泰安
100	杭州新时代家居生活广场	浙江杭州

典型案例
——创新引领高质量发展市场

中国商品交易市场：转型升级、综合评价与典型案例

一 义乌中国小商品城经营现状

2018 年，受美国贸易政策影响，义乌中国小商品城（简称义乌市场）的外贸格局发生应对性转变："一带一路"共建国家和地区成为义乌市场主要出口区域；印度取代美国成为义乌市场最主要的对外贸易伙伴，而且来自东南亚和南美洲的贸易份额亦在提升。在中美贸易摩擦反复的形势下，义乌市场对美出口额排名依然位居第二。截至 2019 年底，美国贸易政策对义乌市场的直接影响有限。

2018 年，义乌市场总收入 35.9 亿元，净利润 10.8 亿元，市场成交额 1358.42 亿元。市场以外贸出口为主（65% 外贸份额），出口遍布全球 210 多个国家和地区，出口行业以强刚需产品为主（餐厨卫用具等），行业结构（59 个行业）和贸易地缘多元化，不易受单个国家（地区）变动影响，对国际局势变化的承受能力较强。这是义乌市场作为国内专业市场"领头羊"

---

* 案例资料来自市场调研。全书案例同。

的一大优势所在。2019 年，市场贸易基本面依然向好。

二 义乌中国小商品城创新发展战略规划及思路

义乌中国小商品城主动适应全球经济形势变化，坚持稳中求进工作总基调，聚焦融合，深化改革，积极融入义乌国际贸易综合改革试验区建设，着力推进"线上线下融合、进口出口互动、境内境外打通、内贸外贸并举"，全力打造"贸易服务能力最强、信息化程度最高、营商环境最优"的实体市场标杆。主要发展思路是聚焦市场主业和数字主线，着力发展进口、仓储、"义乌好货"、国际拓展四大新业务板块。

一是做大进口。着力完善进口产业发展机制，加快推进进口商品城品质提升和进口商品新型展贸平台建设，探索"保税＋"等新模式、新业态，实现从单一进口市场平台向综合进口供应链运营方向发展。

二是做强仓储。着力构建市场产业支撑体系，围绕市场上下游业务，发展仓储物流园、小微产业园等业态，建设仓储信息平台和国际物流信息平台，加快形成"市场—仓储—数据—供应链金融"产业链闭环。

三是做优"义乌好货"。重点是探索构建"义乌好货"体系，通过"总分市场＋展销门店＋产业园区＋仓储体系"联动发展模式，打通供货、仓储、展示、交易等流通环节，打造全球知名的优质小商品供应链平台。

四是做好国际拓展。重点是以"一带一路"共建国家为重点，以海外仓、分市场、海外展厅、加工园区为主要形式，加紧布局覆盖重要国别、重点市场的海外站项目，搭建出口、进口、转口的海外贸易服务平台。

三 义乌中国小商品城创新举措

（一）聚焦行业增量，巩固市场"一站式、多品类、中小微"的核心竞争力

2015 年浙江省政府提出七大万亿产业发展规划，义乌中国小商品城顺势调整思路，围绕绿色、智能、时尚、健康等战略新兴行业谋大市、招好商，突破原有的招商模式和思路。2015年以来，新增宠物用品、水钻、礼品包装、酒店用品等 12 个行业，市场行业总数由 47 个增至 59 个。

（二）聚焦要素资源优化配置，开展行业动态管理

行业有兴有衰，新产品细分行业不断涌现，这更要求市场对行业布局进行动态管理，给成长性行业腾出发展空间。近些年，义乌中国小商品城通过"同类业态集聚""停业保权""动态划行归市""大户扩容"等精准措施，实现要素资源优化配置，2019 年市场商位出租率达 97% 以上，发展动能强劲。

（三）聚焦进口贸易，培育壮大进口商品市场

进口贸易是义乌市场转型的新"蓝海"，从近几年的发展态

势来看，义乌的进口贸易前景良好。目前，义乌中国进口商品城及孵化区总营业面积达 22 万平方米，经营 100 多个国家和地区的 15 万余种优质进口商品，已经成为国内重要的进口商品集散中心。"爱喜猫"进口商品直营店加快布局，进口供应链金融业务稳步拓展。同时，创新发展数字综合保税区，谋划建设新型保税进口市场，加快形成义乌市场"买全球、卖全球"贸易格局。

（四）聚焦商品创新创意，引导市场商品提档升级

为进一步提高小商品附加值，提升市场原创商品比例，义乌中国小商品城围绕中小制造商、供应商、采购商与创意设计提供方之间的痛点和需求，聚焦设计、品牌、质量、标准，深入推进提质创牌行动。一是打造宾王 158 文创园，成功举办"义乌中国小商品城"杯设计大赛，并与义乌工商学院合作建成篁园市场产教协同中心。二是开展"设计进市场"活动，在小商品城各大市场建设创新设计中心。三是推进"标准进市场"活动，袜类行业和毛绒玩具行业试点工作顺利开展，2020 年将实现市场主要行业"亮标"全覆盖。四是推行经营户奖励制度，将市场要素资源向创新性强的经营户倾斜，树立正面典型，以点带面，引领市场转型。

（五）聚焦品牌建设，实施"走出去"战略

随着市场竞争的加剧，闭关锁国、故步自封的思维模式必将被抛弃，近些年，义乌中国小商品城在品牌运营、"走出去"

开拓等方面也进行了尝试。

1. 拓展国内市场

构建"义乌好货"体系，形成义乌优质小商品"走出去"的母品牌和新模式。目前，"义乌好货"商业模式全球发布，首家旗舰展厅正式启用，成功布局湖南怀化店、辽宁丹东店、南京艺术学院高校店和外交部义乌好货外事展厅。同时，通过品牌授权、资源置换及业务合作等形式，积极整合国内下游市场，构建国内市场网络。

2. 加快海外布局

以"一带一路"共建国家为重点，布局海外仓、分市场、海外展厅、加工园区等海外站项目，推动义乌与境外双向贸易高质量发展，让更多贸易主体在更广范围、更深层次参与国际贸易，分享义乌市场海外贸易服务体系带来的红利。

（六）聚焦诚信经营，推行信用市场建设

推进四区品牌信用传承地建设，建立诚信黑名单制度，启动诚信示范街建设。同时，推进信用数据在金融领域的应用。此外，对市场主体进行分级评定，并实施差异化市场服务和奖励政策，推动市场资源向优质主体集聚。与此同时，积极建设外商信用体系，开发经侦预警平台英文版，并会同公安局、出入境管理局开展商友卡的宣传推介，让外商的不诚信信息公开可视。

（七）聚焦市场新业态，提升市场服务能力

线上线下融合已成为市场发展的趋势潮流，2018 年义乌电

子商务发展稳健有力，电商交易额达 2368 亿元，连续五年保持年均 300 亿元的增幅，2019 年 1~7 月，义乌邮政和快递业务总量累计完成 24.12 亿件，同比增长 74.43%，居全国城市第二位。义乌中国小商品城顺应潮流，积极宣传和引导，如 2018 年开展跨境电商沙龙培训 5000 余人次，并试点社交经济平台建设，打造了二区网红直播间、宾王市场淘宝直播带货等，有效带动了市场经营户扩展内销市场。

此外，跨境电商作为另一个风口，义乌中国小商品城建成跨境电商产业生态园，占地面积 4.9 万平方米，以跨境进口产业链需求为导向，充分发挥义乌市场货源、贸易主体、配套服务资源优势，利用大数据、互联网、人工智能、云计算技术应用及供应链金融服务，打造"线下跨境电商物理园区 + 线上跨境贸易综合服务平台"融合发展的智慧园区，开创了义乌特色跨境电商产业发展新路径。

四　义乌中国小商品城进一步创新思路

（一）对标自贸区，推动市场业态集成创新

依托自贸区国际贸易制度举措先行先试优势，以大众贸易自由化、便利化和国际贸易高质量发展为主线，推进新业态、新模式集成集聚，打造国际小商品自由贸易样板。一是推动市场业态创新，推进"设计进市场""标准进市场""网红直播进市场""大学生进市场"，打造以市场设计、品牌、质量、标准

为新功能的核心竞争力。二是强化资源要素市场化配置，推动资源要素向市场化程度高、成长性好的优势行业和优质主体集中，进一步释放中小微企业发展潜力。三是创新小商品贸易方式，以自营贸易为突破口，深化"市场采购＋""保税＋""跨境电商＋"等业态模式融合创新，拓展国际供应链服务体系，推进贸易便利化、自由化。四是完善全生命周期信用管理体系，拓展信用应用场景，加强跨区域信用合作，探索实施信用评估和信用修复制度，构建市场全链条信用环境。

（二）创新综保区，联通全球新型商贸设施节点

创新发展以"保税进口市场＋数字监管模式"为特色优势的义乌综合保税区（简称综保区）。以综保区为核心支点，建设第六代市场，布局境内外数字贸易枢纽项目，推动关联商贸设施"云"上互联，构建开放式国际贸易基础设施网络。一是高标准建设综保区，以发展保税展贸、保税物流为重点，创新数据驱动、市场联动、产业支撑的综保区建设模式，与阿里巴巴合作建设 e－WTP 数字综保区，区内建设仓展销一体化的新型保税进口市场，区域协同发展保税产业带，打造境内、境外打通的数字贸易生态。二是建设新型进口市场，打造以 e－WTP 数字贸易、"境内关外"监管、"保税＋"业态模式、供应链全链路为显著特征的千亿级进口日用消费品展贸平台。三是建设五区东"未来市场"，打造集研发设计、品牌孵化、打样定制、时尚智造、展示贸易、网红直播、新销售展示、贸易服务、办公生活等功能于一体的全球数字自贸中心。四是拓展境外数字

贸易枢纽项目，重点在"一带一路"共建国家和地区布局海外仓、国际物流专线、加工园区、分市场、"带你到中国"展厅等海外站项目。五是构建大仓储体系，围绕市场上下游布局联动本地仓储园、城市区域分仓、海外仓，开发迭代仓储管理系统，覆盖并支撑市场供应链关联业务场景。

（三）推动贸易便利化，构建数字贸易服务平台

适应信息技术和贸易模式变革特征，依托线下市场商人、商位、商品集聚优势，归集整合碎片化市场贸易数据，集成拓展关联贸易服务平台功能，数字化重构市场传统交易场景，实现市场上下游企业和贸易服务企业的智能互联，提升市场贸易便利化水平。一是建设 chinagoods 平台，集成拓展线上展示交易、智慧仓储物流、数字化关检汇税、在线支付结算、供应链金融，以及数据赋能生产等全流程、全场景功能，打造义乌市场统一的线上化贸易综合服务平台。二是与阿里巴巴合作建设 e－WTP 公共服务平台，整合跨境电商综合服务平台、义乌市联网信息平台等资源，打造集关、检、汇、税等政务服务以及贸易、物流、金融等商务服务于一体的义乌国际贸易公共服务平台，并接入 chinagoods 平台。三是合作建设"环球义达"国际物流平台，整合前端客户资源和后端专线产品，打造高度标准化、信息化、可视化的物流平台，作为 chinagoods 平台的重要功能板块，为中小微贸易主体及货代企业提供优质通关物流等服务。四是建设贸易信用数据中心，整合义乌市商贸主体在政府监管、市场交易、金融信贷、资金结算等方面的信息，重点建

设金融、政务、商务三大数据库，强化信用数据在外贸风险防范、贸易纠纷处置、贸易主体融资等商贸领域的应用。

（四）搭建国内市场网络，引领国内市场集群联动

以下游市场整合和自营贸易拓展为重点，构建全方位、立体式、多层级的国内市场联动体系，畅通上下游市场贸易通道，促进小商品内贸市场融通发展。一是整合国内下游批发市场，在全国选择可加深合作的二级市场，通过品牌授权、资源置换及业务合作等形式，推广布局"义乌好货"、"爱喜猫"进口商品等品牌，构建"义乌市场主导、下游市场承接、各方互利共生"的国内专业市场体系。二是搭建"总仓 + 分仓 + 云仓"的仓储物流体系，建设义乌总仓，整合义乌市场源头好货；在节点城市布局区域分仓，甄选合作伙伴，建立商品展示区，通过"前店后仓"模式实现义乌市场渠道前移；建设国内供应链云仓，协同"义乌好货"供应链渠道；与国内头部物流企业合作，打通仓与仓之间集货分拨通道。三是拓展内贸市场分销网络，实施城市经理人计划，推进"义乌好货""爱喜猫"终端门店全国布局；打通线上内贸网络，在 chinagoods 平台设立网货专区、库存专区、现货专区及"义乌好货 + 爱喜猫"自营频道。四是丰富"走出去"活动载体，举办市场万里行、"义乌好货"万里行、义博会国内巡回展、贸易对接会、订货会等活动，推进义乌市场商品由中心城市向节点城市、区域城市下沉，扩大内贸市场份额。

一 浙江永康中国科技五金城经营现状

永康中国科技五金城（简称中国科技五金城或五金城）基本成熟稳定，市场营业面积达 80 万平方米，共有实体商铺 4500间，商户数量为 3031 户，主要经营日用五金、建筑五金、工具五金以及机电设备、金属材料、装饰建材、健身休闲等产品，品种 19 大类上万种，辐射全国各地及世界 170 多个国家和地区。在网络经营方面，实现 100% 实体商户网络经营。2019 年，实体市场成交额 500 亿元，网上市场交易额 356 亿元，市场经营性收入 2.63 亿元，净利润 5900 万元。

二 浙江永康中国科技五金城创新发展
战略规划、思路及愿景

面对未来，浙江中国科技五金城集团有限公司（简称五金城集团）正全面深化改革，坚持稳中求进工作总基调，以线上线下全面融合发展为主旋律，落实新经营理念，深入推进改革驱动、电商引领、展贸联动、品牌强市、"走出去"发展五大战略，做优金城市场、金都市场、国际会展中心、"五金优选"、"尚五金"商城五个平台，推动五金城创新发展、高质量发展、高效发展，更好地发挥五金城在提升现代服务业发展水平、推动经济转型升级、增强产业辐射力等方面的重要作用，着力打造一个产业支撑有力、线上线下融合、覆盖全国乃至全球的五金商贸流通中心、五金国际展览中心、五金电子商务中心、五金信息发布中心、五金旅游休闲中心，继续确保在国内同行业中的龙头地位和引领发展地位。

预期发展目标如下。通过五年的大力推进，（1）规模实力更上台阶。进一步扩大市场总体规模，到 2025 年，力争实体市场成交额达 600 亿元，年均增长 3%；营业房出租率达 98%。（2）结构质量显著提升。贸易采购、电子商务、会展展览、连锁直销、指数信息的主导地位进一步突出，各业务板块联动协作成效显著。到 2025 年，举办各类展会达 42 次（场）以上，力争永康五金直销中心和各类网点数量翻一番，达 50 家以上。（3）贡献作用更加突出。进一步提升五金城在全市经济发展中的贡献水平，力争到 2025 年税收收入稳定增长，进一步巩固提升在区域服务业中的引擎地位。（4）空间布局集聚优化。依托"两市场一中心"空间格局，提升老市场水平，拓展新市场业务，促进各平台优势互补、集聚发展。（5）创新水平明显提升。深化国企混改，完善运营机制，建立比较完备的现代企业制度，力争进入资本市场。"走出去"发展步伐加快，形成全国网络。

融合发展持续深化，电商技术创新和模式创新对区域经济发展驱动作用明显增强。具体思路和愿景包括以下六个方面。

（一）全力推动企业股改

按照"价值契合、战略协同、实力保障"的要求，稳妥推动五金城集团混改增资、引战、持股工作，建立规范的法人治理结构，努力争取尽早在证券交易所实现整体上市，推动永康国企 IPO 上市实现零的突破。加强业务创新，积极整合资源，挖掘并提高主营产业的发展潜力，优化资产布局，扩大业内外合作，增强资本运营能力，改善财务结构，提高企业运营效率，不断增强产业可持续发展能力。强化党建引领，加强人才队伍建设，加强年轻干部的培养、储备，积极培育企业文化，稳妥探索股权激励，充分激发竞争活力，努力开创集团提质增效、创新发展的新局面。

（二）推进会展产业品质发展

一是提升重点展会的品质和外向度。全力办好中国五金博览会、中国（永康）国际门业博览会等展会，更好地发挥重点展会对产业的引领作用，以展促贸，不断提高市场客户量和贸易成交额，增强市场发展后劲和活力。二是深度开发展会项目。继续推进市场化办展模式，"走出去"和"引进来"相结合，与制造业企业、商会协会等开展合作，推动联合办展、办会，共创会展品牌。在巩固办好现有展会的基础上，综合性开发利用展会资源，举办与永康市经济转型和产业升级相关的专业展会和会议，着力提高组展、办展能力和经营水平。三是促进创新发展。积极运用大数据、云计算、物联网、手机客户端等现代信息技术，举办网货节、网上博览会等网上会展，促进会展产业线上线下融合、多元发展。

（三）做大做强电商版图

一是拓展营销网点。创新运作模式，与国内外有实力的投资者开展多种形式合作，不断扩大"五金优选"直销中心海内外布局，完善产品销售渠道，扩大市场覆盖面。在已有网点基础上，计划在西南的新疆、西藏等地，创造条件开设直销中心。二是建立品控体系。深耕"微笑曲线"两端，以"设计+"着力提升设计实力，开发推出紧跟市场潮流的品牌化、个性化、功能化的新产品。探索将"永康工匠"引入"五金优选"平台，联手开展私人定制业务。以"互联网+"优化升级渠道网络，线上线下同步推进发展。三是建设跨境电商项目。扎实推进永康五金跨境电商创业园建设，通过整合和招引，将优势资源引入创业园，使之成为永康加快对外开放的重大战略平台。四是优化运营网络平台。发挥电商公司技术和人才优势，不断优化"五金优选""尚五金""天猫旗舰店"等网络平台交易功能，聚集人气，提高热度，促进线上线下融合发展。

（四）持续做优实体市场

一是规范市场管理。充分发挥市场监管、公安、行政执法等部门的职能作用，在依法管理上下功夫，对市场实施专业化、规范化、标准化的管理，努力提高市场监管水平。深化浙江省五星级文明规范市场管理，加强市场交通秩序管理，巩固和提升市场管理成效和服务水平，完善长效管理机制。精心组织做好到期营业房的招租，优化经营结构，积极引导和扶持培育公司化、网络化、品牌化、外向化经营大户，做大做强经营业务，促进市场稳定发展。二是从严安全管理。始终把安全放在五金城集团各项工作的首位，树牢安全发展理念，全面落实安全工作责任制。充分利用现有良好的硬、软件条件，统筹做好综合治理、消防、维稳、平安创建，扎实做好市场安全防控工作，进一步完善集"巡、防、管、控"于一体的防控体系。落实日巡查、月检查、专项检查、大检查、大排查，加大安全宣传教育力度，切实增强员工和市场经营户的安全意识，努力把安全问题解决在萌芽状态，切实维护市场安全稳定。三是细化物业管理。认真落实日常保洁制度和"门前三包"制度，开展环境卫生大整治，确保市场全程全域整洁干净。全面落实数字物管工作，健全档案，进行精细化管理。扎实做好园林绿化、设施维护、项目改造、精品示范街管理工作，进一步巩固和保持创国卫工作，全面提高物业管理和服务水平。

（五）突出增强企业软实力

一是强大品牌实力。在现有基础上，加大力度，加快进度，不遗余力持续推进五金城申驰工作。充分利用好现有国家3A级旅游景区和省级工业旅游示范基地两块牌子，发挥市场产品特色和永康名品精品展示厅、五金历史文化体验中心的"窗口"

功能，做活做足工业游文章。立足实用性、专业性、权威性，科学编制，深度分析，不断扩大"中国·永康五金指数"影响力。二是加大品牌宣传力度。发挥自办《中国科技五金城》报、官方微信公众号、官方网站等宣传渠道，借助运用 H5、短视频等新媒体，加大五金城、"五金优选""尚五金"、重点展会等品牌的宣传力度，加强企业文化宣传，不断提高五金城的品牌影响力。三是强化担当作为。活跃企业文化，更加突出发展意识，全面履职尽责，提升工作效能，敢抓敢管，创造性开展工作，勇当高质量发展的"主攻手"。着重突出创新意识，切实加强思维创新、实践创新、制度创新，全力以赴添动力、增活力。更加突出责任意识，紧紧围绕"问题要解决、工作要落地"目标，强化使命担当，强化绩效管理，全力以赴改作风、促落实。

（六）推动市场整体搬迁

按照"商城融合、统一规划、分步实施"的原则，积极谋划新型市场区的开发建设。新型市场区规划用地至少 1000 亩以上，计划店铺 3500 个，年销售额 1000 亿元。重点布局智慧商贸、智慧物流、智慧仓储三类业态，新建生产资料市场，通过引进现代物流实现交易、仓储、运输、加工、配送、信息传导等多项物流功能和增值服务，进一步推动现代物流业与五金制造业深度融合、联动发展，围绕建设"便利化、智慧化、人性化、特色化、规范化""五化"一体的市场服务体系要求，致力于建成"四个区"，即全球五金产业资源集聚示范区、全国五金生产性服务业发展样板区、浙江现代服务业创新发展示范区、浙港产业合作示范区。

三　浙江永康中国科技五金城主要创新举措

（一）思路方向调整创新

永康中国科技五金城创新思路和创新方向主要有以下八个方面。

一是发展展会和线上市场。为了发展展会经济和线上市场，中国科技五金城分别组建会展公司和电商产业发展公司、市场咨询服务公司，建立专业运营团队，专门负责展会、电商和外向拓展等业务。

二是实施"互联网＋战略"。在发展实体市场的同时，大力实施"互联网＋"战略，致力发展以"五金优选"直销中心为核心的电商产业。加快"五金优选"直销中心的国内布局步伐，采用"体验店＋线上平台"运营模式，通过直营、区域代理、经销等多元渠道，多点发力，开发国内大市场，为永康五金"走出去"搭建"直通车"。目前已在宁夏银川、河南郑州、山东淄博、吉林四平、浙江长兴等10多个地方设立了直销中心，还在武义高速服务区和50多家浙江易捷便利店开设了"五金优选"专柜。此外，"尚五金"商城与阿里巴巴进行强强联合，成功打造了"1688电商服务中心永康五金城站"，举办"1688"商人节活动、第三届"尚五金·尚品会"，开设天猫旗舰店，不断完善电商产业链，拓展了营销网络，构建了线上线下市场全面融合发展的格局。借助电商优势，建立展会网站，同期举办网上博览会，实现互动办展。被列为金华市现代服务业综合试点项目、浙江省网上网下融合示范市场试点项目。

三是坚持"政府主导、市场化运作"原则。紧扣市场需求，利用政府部门所在行业的影响力，合力推介展会。由商务部支持，邀请中国贸易促进会等国家有关部门联合主办一年一届的中国五金博览会、中国（永康）国际门业博览会，把全国各地的技术、信息、产品引进市场，为五金产业发展提升提供服务，成为中国门类领域和五金领域的顶级盛会。中国五金博览会荣膺中国行业品牌展会金手指奖、五金工具类金手指奖（Top3）、第十届中国会展之星产业大奖、中国最具影响力品牌展会50强、浙江省十大品牌展（博）览会。2019 年 5 月 10 ~ 12 日，举办首届中国（永康）安全与应急产品博览会。此外，举办了永康国际机械装备及工模具展览会等一大批重要展会，年办展总数达 38 场（次），吸引国内外参展商 6113 家，总展出面积 48.7 万平方米，总交易额 206 亿元。

四是加强与五金产业的互动。吸引本地生产企业在市场内设立窗口，目前不仅吸引当地防盗门、电动工具、电动休闲车等八大行业企业产品入驻市场，同时又吸引周边邻近县市五金企业、经销商入驻市场，形成产业支撑市场、市场推动产业的良性循环。

五是编制与发布国内第一个五金行业指数"中国·永康五金指数"，定期发布五金市场交易周价格指数、五金市场交易月价格指数、五金产品生产月价格指数、五金产品外贸月价格指数、五金市场交易景气指数、生产企业景气指数、外贸企业景气指数，成为市场行情的"风向标"与"晴雨表"。

六是开展"三名四化"工作。每年在市场培育一批"四化"（即"经营规模公司化、经营方式网络化、经营商品品牌化、经营渠道外向化"）经营大户，促进市场经营户做大做强做优。在国际会展中心建立大规模的名企名品展示厅，成为永康产业发展的展示窗口。在市场中设立文化体验中心、旅游购物区等，加快推进五金购物旅游业的发展，培育市场发展新亮点。

七是推进文明规范市场管理。按照浙江省五星级文明规范市场要求，在市场全面实施"标准化、常态化、精细化、规范化、品牌化"的管理标准。

八是加强市场知识产权保护。着力加强市场知识产权保护工作，提升市场主体知识产权管理能力和水平，被国家知识产权局列入国家级知识产权保护规范化市场。

（二）发展战略创新

围绕改革驱动、电商引领、展贸联动、品牌强市、"走出去"发展五大战略，着重加快"四个结合"，推动"五个转变"。

"四个结合"为：加快与会展业结合，扩大市场知名度，提升市场集聚辐射能力；加快与互联网经济结合，建立线上线下市场融合发展的体制机制，形成虚拟市场与实体市场的有效互补；加快与连锁品牌结合，依托先发优势和成功经验，加快市场品牌和市场经营模式输出，推动市场转型发展；加快与现代物流结合，推动市场朝着适应现代物流改革要求的方向发展。

"五个转变"为：从管理市场向经营市场转变；从注重线下市场向注重线上线下融合市场转变；从集聚发展向集约发展转变；从做大市场向做强做精市场转变；从本地发展向"走出去"发展转变。

（三）管理模式方式创新

一是每年举办五金博览会等展会，促进市场从国内贸易向国内贸易与国际贸易并举发展。

二是打造"五金优选"平台，促进市场从线下交易向线上线下并举发展。

三是发布永康五金指数，促进市场从信息发布向信息引导发展。

四是实施"走出去"发展，促进市场从区域向全国发展。

五是培育"四化"经营大户，促进市场从低层次向高层次发展。

六是在管理机制上，加快建立现代企业管理制度，开展五金城集团股改工作，2018年，被浙江省国资委、财政厅、证监局列为第二批国有控股混合所有制企业员工持股试点企业，全省有4家，五金城集团是其中之一。接下来，将按照股改上市工作时间安排，争取尽早完成股改工作。

（四）新技术应用创新

一是建立了中国科技五金城（www. hardwarecity. com. cn）、

中国五金博览会（www.hardwarefair.cn）、永康国际会展中心（www.kyicec.com）、中国国际门业博览会（www.chidf.com）、"尚五金"商城（www.shangwj.com）、"五金优选"（www.wujyx.com）直销平台、"中国科技五金城"微信公众号等。二是创建市场管理办公自动化信息系统。建成房屋租赁管理系统、博览会招商招展系统、办公OA系统等多套管理软件，并应用开发了智慧五金城、智慧展会、网上展会等系统。

（五）市场服务创新

近年来，随着"互联网＋"上升为国家战略，五金城集团以创新为转型引擎，以"中国五金之都"永康强大的五金产业和"中国科技五金城"坚实有力的实体市场为依托，从线下拓展到线上线下深度融合发展，大力发展以"五金优选"直销平台为核心的优质电商产业，着力打造新零售模式，发展形成了"五金优选""尚五金""智慧五金城""天猫旗舰店"等多个平台联动、与成熟实体市场相互呼应的新态势，开辟了市场产业发展新格局，开创了一条线上线下融合发展的创新之路，被列入浙江省网上网下融合示范市场试点、金华市现代服务业综合试点。2017年9月26日，在由国家工商行政管理总局、浙江省人民政府主办的第十届中国商品市场峰会上，中国科技五金城线上线下融合发展的成功实践被列为全国三家报告样本之一。

经过两年多的努力，"五金优选"已成为中高端家居用品连锁模式的领跑者。"五金优选"积极探索由产品交易平台向供应链纵向延伸。上黏合产业基地，通过与本地优质制造企业合作，对接国际先进的设计经验，采用全新的 ODM 模式，打造高标准、高品质的"五金优选"系列产品；下掌握销售渠道，在全国各地建立起"五金优选"直销平台，采用"线下体验＋线上交易"立体联动式运营模式，直连工厂和消费者，砍掉所有流通加价环节，将优质的五金产品与服务推广到全国各地。目前，"五金优选"已在宁夏银川、河南郑州、山东淄博、吉林四平、浙江长兴等 10 多个地方设立直销中心，在 50 多家浙江易捷便利店和武义高速服务区开设专柜，还在紧锣密鼓地筹备西南、西藏两个直销中心。

目前，"五金优选"拓展存在多元渠道模式，主要有以下四种。

一是直营模式。这种模式以永康五金东北直销中心为代表。地点在吉林省四平市铁东区，由五金城集团投资建设运营，是浙江金华市与吉林四平市对口合作的重点项目，也是目前"五金优选"在浙江省外最大的直销中心，营业面积达 2000 平方米，仓储面积 8000 平方米，集实体经营、仓储、线上销售于一体，经营产品包括电动工具、手动工具、园林工具、休闲用品、门类、锁具、日用五金、五金电器类、运动健身器材、校具等，经营品牌除了"五金优选"外，还包括王力、步阳、春天、正阳、中坚等众多永康知名品牌，辐射东北亚市场。直销中心开业以来，受到了国内外上百家主流媒体的关注，在当地引起不小的反响，尤其各类做工精美的"五金优选"系列厨用五金产品受到了当地市民的热烈追捧。

二是联营模式。这种模式以永康五金西北直销中心为代表。

地点在宁夏银川，由五金城集团投资，于 2015 年建立。在经营模式上，则采取与当地永康商会合作联营模式。直销中心共分五金之都、门都、口杯之都、休闲运动之都、炊具之都和电动工具之都 6 个体验展厅，面积达 2000 多平方米。建立四年来，直销中心融入国家"一带一路"倡议，采用"体验店 + 线上平台"双线运营模式，通过线下的精品展示和线上的全类目展示，把永康市场延伸到了异地，助推永康五金拓展中亚市场，取得了良好的成效。

三是区域代理模式。这种模式以河南郑州"五金优选"直销店为代表。由五金城集团授权有资质和实力的商户代理，以经营"五金优选"系列产品为主。五金城集团以大品牌管理方式，扶持代理商，市场全权交给代理商操作，二者共同把市场做起来，做强做优品牌。

四是经销模式。这种模式以浙江易捷便利店为代表。由五金城集团与国内门店数量最多的零售连锁品牌——浙江易捷便利店合作，在便利店设立"五金优选"品牌专柜，市场全权交给经销商操作，满足消费者线下线上的实时购物需要，共同开发市场。

五金城集团的电商业务将以"五金优选"为核心，加快管理市场向经营市场转变，积极引入多元经营、平台战略等理念，创新经营模式，拓展新兴业务，丰富服务功能，精心打造中高端家居用品连锁品牌，满足消费者多元化需求，提升消费体验，提高满意度，成为五金城集团向商贸综合服务商战略转型升级的强力引擎。

（六）市场内商户经营创新

一是大力推进"走出去"发展。二是发展线下体验店。在"一带一路"建设带动下，有选择地在东北、华东、西南、西北、华南等地区，进行线下体验店布局，将五金城销售平台延伸出去。三是发展品牌分市场。利用五金城金字招牌，走低成本扩张的路子，与国内外有意向合作的市场开展品牌合作，形成市场网络，更好地发挥五金城的集散功能。四是组建对外"联合舰队"。整合市场行业资源、商家资源、经营资源、团队资源和资本资源，联合各种力量闯市场。

（七）其他创新

为了切实服务和帮助五金城经营户解决资金难题，联手中国农业银行推出免担保贷款服务，无须担保，最高额度可达30万元，一次授信，三年有效，随借随还，月利率低至 3.625‰，为市场经营户发展提供强有力的金融支撑。

四　浙江永康中国科技五金城创新经验

（一）创新经验

1. 突出产业联动，实现引领发展

与其他专业市场相比，中国科技五金城是在永康五金产业呼唤的情况下创建、发展、壮大起来的，是一个名副其实的产

地型市场，其成功之处在于有永康强大的五金产业做支撑，形成了"产业支撑市场、市场推动产业"的良性联动发展。在发展过程中，中国科技五金城不仅成为永康及周边县市五金企业广阔的销售和展示平台，将国内外五金名品汇集于市场之中，实现了产地与集散地的并举发展，还通过展会等功能的集合，吸纳全国甚至世界各地与五金产业相配套的技术、原材料、机械设备等，为永武缙五金产业集群的发展升级提供了强有力的平台，还带动了区域企业创出品牌，走向国际，推动永康立足五金产业特色实现了区域经济的快速突破，真正起到了"建一个市场，带一片产业，兴一座城市，活一地经济，富一方百姓"的作用。

2. 突出电商融合，实现创新发展

中国科技五金城涉足电子商务领域较早，近年来，更是在原有基础上加以不断提升。特别是 2015 年以来，按照"行业权威、全国一流"的目标和"买卖五金、尚（上）五金"的商业定位，以五金产业和五金市场为根基，以大数据为基础，以服务为本源，自主打造了一站式产业服务"尚五金"（www.shangwj.com）电子商务平台，为中国科技五金城 4000 多家市场商户和永武缙地区上万家企业服务。2016 年，又建成"尚五金" 2.0 升级版，开启 PC 端、手机 App 和微商城三网营销新格局，成功创建浙江省三星级网上文明规范市场。2017 年建立"五金优选"直销平台。同时推进"智慧五金城""智慧会展"等电子商务平台的发展，互相带动，形成合力，实现网上网下市场的"双轮驱动"发展，真正构建了"网上中国科技五金城"。其中，"尚五金"

电子商务平台注册会员数已达 42.7 万个，入驻企业商户 8996
家，在线交易五金产品 6 万多种，并拓展了宁夏、河南、湖北
等多个营销网点，被列为金华市现代服务业综合试点项目、浙
江省网上网下融合示范市场试点项目。还成功编制与发布国内
第一个五金行业指数"中国·永康五金指数"，成为市场行情的
"风向标"与"晴雨表"，位列"中国商品指数十强"第五。在
市场发展过程中，还创建了"中国科技五金城""中国五金博
览会""中国（永康）国际门业博览会""永康国际会展中心"
等多个网络服务平台及微信平台，在服务商户、服务区域经济
发展中发挥了重要作用，有效提升了市场管理水平和服务水平，
增强了市场的影响力和运行效率。

3. 突出展贸联动，实现开放发展

中国科技五金城的兴盛，较大程度上得益于中国五金博览
会等展会的成功举办。中国科技五金城以展会为契机，进一步
拓展商品流通渠道，做大贸易，进一步推进市场结构调整和优
化，形成人流、物流、信息流的大融合，促进市场交易向品牌
化、国际化方向发展。1996 年，中国科技五金城举办了首届中
国五金博览会，至今已连续成功举办了 24 届，每届博览会都有
数千家资信良好、实力雄厚的生产企业、外贸公司、科研院校
参展参会，展出产品 10 余万种，专业观众 8 万余人次，成为全
国五金行业举办较早、颇具规模和影响力的品牌展会。2016 年
首次"走出去"办展，举办 2016 中国（北京）国际自动门电动
门展览会，展出面积达 13000 平方米。还兴建了超过 16 万平方
米的国际会展中心，并培育举办了中国（永康）国际门业博览

会、永康国际机械装备及工模具展览会、中国（永康）文体用品博览会等一大批重要展会，还开通"智慧会展"，实现从原先以线下展销为主向商交、技交、人才交流、工业设计展示、五金指数、论坛等多功能交互升级，从传统展会向"互联网＋展会"升级。目前国际会展中心年举办各类展会约 40 次，展出总面积约 48 万平方米。

4. 突出品牌驱动，实现质量发展

中国科技五金城集城市品牌、市场品牌和企业品牌于一体，成为永康最形象的代名词。以市场化经营为导向，将市场品牌延伸至会展、电子商务等；实施"走出去"发展，在宁夏开辟了首个"永康五金西北直销中心"，创造了双线发展模式。扣准"五金文化"这根弦，在国际会展中心创办大规模的名品精品展示厅和中国五金历史文化体验中心，进一步丰富了市场文化内涵。大力创建省级工业旅游示范基地和国家 3A 级旅游景区，精心培育商贸购物、会展旅游和五金文化三个特色旅游品牌，打造五金旅游购物胜地。同时，在市场积极推行产品质量市场反溯机制、市场经营者信用评价监管制度、商品质量准入制度，全面实施"标准化、常态化、精细化、规范化、品牌化"的五星级管理，常抓不懈维护好市场经营秩序、交通秩序，始终确保市场畅通有序。邀请专家不定期组织电商、安全等培训，不断提高市场经营户的素质。每年培育"四化"即"经营规模公司化、经营方式网络化、经营商品品牌化、经营渠道外向化"经营大户，名企名品逐年增加，连锁配送、电子商务等新型业态发展态势良好，市场经营者的规模和档次进一步提升，名企、

名品占有比例分别从 2007 年的 8%、32% 增加到现在的 50%、92%。市场成为培育品牌、培育企业、培育文明的孵化器。

5. 突出党建领航，实现和谐发展

始终坚持"围绕发展抓党建，抓好党建促发展"，在市场发展的同时，高度重视市场党的建设，创新党建工作机制，积极构筑党建工作网络，深入开展创先争优活动、党的群众路线教育实践活动、"三严三实"和"两学一做"学习教育，使市场党建和市场发展相融合，党建领航作用充分体现。一是健全党建工作网络，成立了中共浙江中国科技五金城集团有限公司委员会，下设四个党支部，形成了以基层党支部为重点，以党小组为基础的党建工作责任体系。二是实行分类管理，对党员经营户实行"挂牌管理"，由集团党委统一制作悬挂"共产党员经营户"牌匾，明确了《市场党组织十要守则》《市场党员十不守则》《市场党员十条红线》，促使党员经营户文明经商、守法经营，发挥了示范带头作用。对职工党员实行"目标管理"，深入开展"承诺、践诺、评诺"活动，发挥了模范带头作用。这样既实现了党组织对市场的有效覆盖，方便了党组织开展活动，又增强了党组织的向心力和凝聚力。三是健全党建活动，各党支部坚持用健全的组织制度和正常的组织生活来管理约束每名党员，督促其按党员的标准来严格要求自己，充分发挥党组织的战斗堡垒作用和党员的先锋模范作用。创建市场党建示范点和党员服务中心，制定了党员联系制度，要求党员通过各种方式，帮助引导其他经营户遵纪守法、服从管理，争做文明商户。还组织党员经营户开展慈善捐款、救灾扶贫、结对帮扶

等一系列活动，充分发挥了党员奉献社会的带头作用。

（二）创新不足及教训启示

28 年来，五金城虽然有了较大发展，但在新形势下，存在一些不容忽视的困难和问题，成为制约发展的重大羁绊。五金城存在的困难和问题主要有以下三点。

1. 发展空间与城市功能产生矛盾

五金城最初选址在当时交通便利的城乡接合部。后来随着城市的迅猛发展，当初建成的市场很快被城市所包围，原来的郊区变成了市中心，周围集聚了大量商业设施，没有拓展空间，束缚了五金城的再发展，只能"螺蛳壳里做道场"，仅仅停留在对现有设施的改造提升上。还有，市场内大量车流进出与城市交通组织的矛盾也日益突出。

2. 现代企业制度建设落后

浙江省内义乌、绍兴、海宁等地专业市场在政府的主导下实现多次大规模扩容，广泛集聚市场资源，并迅速走向国际化。在软件管理上，义乌、绍兴、海宁等地专业市场都已实现现代企业管理，并进入资本市场，围绕市场的仓储、物流、研发、展示、电子商务、外贸等功能配套服务比较完善，划行归市也比较到位。而由于各方面因素作用，目前五金城仍受这些问题所困扰。若继续保持现状，不求大图强，就有被边缘化的危险。

3. 综合功能服务不优

五金城内金融担保、信息、中介服务、物流配送等发展不够，服务结构不优，对经营户、客户特别是对境外采购商还没有形成规范的服务机制，资源未有效利用起来。网上市场还没有真正实现与实体市场的并举发展，投资规模小，发展力度不多，有待进一步挖掘潜力。市场经营者还存在经营方式落后、服务附加值不高、从业人员素质低等问题，竞争力有待提高。

要继续做大做强五金城，实现战略目标，应从统筹发展、政府引导、产业联动、资源整合、错位竞争等方面寻找出路，主要思路和方向有以下四点。

1. 坚持与新型城市化统筹发展

推进新型城市化，提高城市发展水平，是现代化的必由之路。五金城新一轮发展必须站在新的起点上，以更新更高的要求思考下一步的发展方向。跳出就市场而发展市场的传统发展模式，把市场发展提升到新型城市化发展的高度上来，通过市场的发展来推动产业、人口和资源要素的整合，促进城镇规模的扩展和服务功能的提升，真正达到"建一个市场，带一批产业，活一方经济，富一方百姓，兴一座城镇"的目的。把市场布局和转型提升、五金产业特色和五金文化等都融入新型城市化的大格局，在更高层次、更高平台上启动五金城新一轮发展。在这个过程中，要积极争取浙江省、金华市有关产业政策、财政政策和土地指标的支持。

2. 坚持政府主导发展

专业市场作为政府为中小企业搭建的共享式的公共服务平台，社会效益高于经济效益，必须坚持政府主导作用，并和市场运作相结合。一要把五金城发展列入市委、市政府的重点战略内容，放在永康城市发展和经济社会发展的大框架中去考虑，

放在建设现代化国际五金城的战略高度去推进。二要研究制定
《中国科技五金城十年发展规划》，留足市场发展空间，并通过
市人大法定程序确定下来，强化规划刚性，一张"蓝图"绘到
底，保证发展连续性。

3. 坚持产业联动发展

浙江省发展的特色优势之一就是块状经济，而块状经济在
很大程度上是和专业市场紧密联系在一起的。新形势下，充分
发挥市场和制造两种优势，形成"两轮"驱动经济增长新态势，
是永康经济发展的必由之路。因此，一是坚持市场和产业联动
协调发展的原则，顺应永康市五金产业发展趋势，充分发挥五
金城对第二产业的生产销售、信息技术、展会支持、品牌导向
等功能，稳固五金城与永康市企业（包括生产者、消费者、经
销商）、产业、展会之间互相依托、互相促进、互动发展的关
系。二是根据现实基础和未来发展方向，进一步强化永康市现
代服务业发展项目布局的空间约束，合理引导规划布局，促进
更多服务业以五金城为中心集聚发展，加快形成特色鲜明、功
能清晰、业态领先、结构合理、相对集中的现代服务业集聚区，
构筑"产业规模化、交易现代化、信息国际化、功能多样化"
的市场发展新优势。市场空间的集聚，会促进和带动资本、技
术、人才、政策等市场发展要素的集聚，进而加快市场规模和
水平的提升，使之发挥"一加一大于二"的作用。三是市场引
导产业转型升级，加快小五金产业向大五金产业的转型，把五
金制造延伸到整个工业制造领域，从小产品发展到包括大型专
业设备在内的多种高端产品上来，进而形成专业市场，提高五

金城的市场档次。

4. 坚持错位差异发展

五金城的优势、标志和灵魂是五金。五金城的目标定位，要与义乌的国际商贸城、浙江绍兴中国轻纺城等区别开来，做大做强"五金"蛋糕，走错位差异发展道路，并以先进市场作为榜样，谋求加速发展。依靠永康市五金产业优势做强自身特色，重点是"三个打造"：一是打造科技五金，强化科技创新，并作为转变经济发展方式的核心，让"科技五金城"名副其实，真正让"科技"成为五金产业发展的强力支撑；二是打造文化五金，围绕文化强省要求，把文化元素渗透到工业生产和市场建设中，挖掘五金文化的内涵，把产业的市场竞争提高到文化竞争的高度，五金城的发展才有真正的出路；三是打造智慧五金，着眼于未来智慧城市建设，使更多五金产品具备智能性，提升老百姓生活质量。

湖南高桥大市场创新发展

一 湖南高桥大市场概况

湖南高桥大市场（简称高桥大市场）总占地面积 1000 亩，经营户 8000 余家，经营从业人员 20 余万人，经营商品种类超过 170 万种。高桥大市场深度影响着湖南的日用品消费，全省 70% 的消费都源自高桥大市场；市场还辐射江西、广西、贵州、重庆、湖北等周边 10 余个省区市，并影响全国，每年的客流量接近 1 亿人次。2018 年交易额超过 1400 亿元，产品远销全球 100 多个国家（地区），是湖南省唯一的千亿级商贸产业集群。

湖南高桥大市场以"国际高桥·世界商港"为战略定位，以环境优化、业态升级为基础，以内贸外贸融合、线上线下联动、商贸产业互促为主线，走"品牌化、专业化、信息化、产业化、国际化"发展道路，引领广大商户创新转型，实现了持续繁荣发展。2012 年以来，湖南高桥大市场在创新发展、经济结构逐渐优化的基础上，经营规模不断增长，收入和净利润也实现稳步增长。详细情况见表 1。

表1　湖南高桥大市场运营情况

项　目	2012年	2013年	2014年	2015年	2016年	2017年	2018年
交易规模（亿元）	780	850	910	1000	1160	1280	1410
营业面积（万平方米）	85	85	85	100	100	100	100
摊位数量（个）	6000	8000	9000	9000	9000	9000	10000
商户数量（户）	5000	6000	8000	8000	8000	8000	8000
网络经营商户数量（户）	600	600	600	1000	2000	3000	4000
收入（亿元）	2.52	3.17	4.09	4.90	4.76	4.85	5.06
净利润（亿元）	0.33	0.79	1.28	1.28	1.20	1.24	1.25

二　湖南高桥大市场创新发展思路

（一）认清市场新形势

形势的变化对市场的发展及其方向具有决定性的约束作用，认清市场面临的形势有助于把握市场创新的方向，有助于市场创新发展的力度。高桥大市场当前面临的形势有以下几个要点。

一是政府重视支持力度加大。2019年初，商务部、国家市场监管总局等12部门印发《关于推进商品交易市场发展平台经济的指导意见》，为商品交易市场的发展指明了方向。而高桥大市场作为湖南省重要的商贸发展平台和国际贸易发展平台，特别是作为市场采购贸易方式试点市场，得到了各级政府和相关部门的高度关注，为市场的进一步发展打下了良好的政策环境基础。

二是新机遇带来发展新空间。消费升级、供给侧结构性改革、"一带一路"建设布局为商品交易市场的发展带来了新的机遇；创新创业政策措施的推动，也产生了一批零售和批发创业主体，扩大了经营主体规模。同时，各类网络信息技术应用日趋成熟，正在逐步外溢到商品交易各环节，有助于进一步提高经营服务效率。

三是商贸流通模式快速变化产生变革压力。现在，商流、物流已不需要在市场集散，而信息流更加凸显价值。对商品交易市场而言，传统商户交易量减少、成本提高，逐渐退出市场；新商户对批发市场传统功能的依赖降低，他们进行企业化发展需要更大的空间、更多的商务办公功能，商品交易市场面临变革压力。

四是渠道多样化、分工专业化冲击加剧。渠道多样化包括生产企业自建零售渠道、专业店品牌店等的垂直渠道、大型商超和连锁便利店的集中采购与共同配送、B2B电子商务平台等；分工专业化包括第三方物流、专业金融、商业培训机构、信息化外包等。渠道多样化、分工专业化使商户对市场的黏性不断弱化，专业市场必须建立或寻找商户服务平台，建立健全专业服务生态，才能产生更强的吸引力。

（二）把握市场功能分化新趋势

商品交易市场流通功能逐渐分化，正在向产业服务和价值创造转型，升级为完整的商贸流通生态系统，主要体现在：市场功能由促进交易转为行业综合服务中心或平台，商户（经销商）功能由渠道商转型为运营商。

（三）厘清战略思想和愿景

打造新制造与新零售的赋能平台，培养现代商人的实战商学院，打造"一带一路"商业中心的桥头堡。主要包括以下三个方面。

一是强化主业态，稳固内贸。加强创新，精心培育和大力扶持商户，实现发展更快、实力更强、地位更稳。

二是发展新业态，推进外贸。顺应国家战略，紧抓发展机遇，走内贸外贸结合发展的新道路。

三是实现新跨越，建设"全球贸易中心"。建设具有国际水准的自由贸易中心。

战略愿景：国际高桥·世界商港。

（四）创新发展新思路

着眼未来消费升级趋势。关注"安全、便捷、便宜"，满足未来个性定制需求，优化产品结构、提高品质，提升品牌，强化体验和展示功能，注重绿色和环保。

推动精细化管理。完善现代化公司管理和治理体系，形成产权明晰、管理规范、治理完善的现代企业制度，在硬件建设、电子结算、电商交易、食品安全、扶大减小等方面精细化管理。

向多种业态集聚发展转变。推动工业企业直销批发、国内外品牌代理商、大型零售企业统一采购与分销配送中心、专业化批发流通贸易企业、电子商务 B2B 等批发业态集聚发展。

构建多元服务的生态模式。随着供应链管理信息化，商流和物流在批发市场逐渐降低，而信息量、数据流和资金流会越来越大。未来高桥大市场除了展示销售外，还将增加商贸流通活动平台，商贸流通信息集中、梳理、输出平台，商贸流通企业赋能平台，商务功能平台等功能。叠加城市服务功能，主要包括休闲体验、零售购物、商贸文化等功能。

三 湖南高桥大市场主要创新举措

湖南高桥大市场主要创新举措有以下几个方面。

（一）发展战略创新

高桥大市场以"国际高桥·世界商港"为战略定位，以"品牌化、专业化、信息化、产业化、国际化"为发展方向，立足国内外消费发展趋势、产业变革方向，深耕上下游渠道，走线上线下融合、内贸外贸一体化、商贸产业联动的发展模式，服务中国以及全球的消费者、贸易商和生产商，发展成为国内一流、国际领先的现代化商贸产业集群，形成"买全球、卖全球"的现代化国际市场。

1. 品牌化：树立国际高桥商贸品牌

为商户提供品牌成长服务，建立品牌孵化基地，打造全国商贸流通十强品牌，推动中小商贸企业品牌化发展，成为中部地区最大的品牌孵化中心、品牌集散中心、品牌发布中心。

（1）建立品牌标准体系，引导商户品牌化发展。从"品牌运营能力、渠道建设能力和品牌影响力"三大维度，形成适合专业市场的品牌引进、培育、发展、淘汰的筛选标准体系，引导商户品牌化发展。

（2）提供品牌成长服务，打造品牌孵化基地。根据品牌成长发展周期，完善品牌服务体系，开展品牌建设工程，提供 VI 设计、品牌包装、活动策划、宣传推广和品牌发布等服务，打造湖湘品牌孵化基地，推动湖湘品牌成长为中国品牌、世界品牌。

（3）建设商贸流通十强品牌，树立国际高桥品牌形象。大量聚集湖湘特色产业、产品和品牌，形成一套商贸流通行业品牌价值对标体系，帮助商户实现品牌价值提升，完成从品牌商品到品牌商户再到品牌市场的转变，树立国际高桥商贸品牌形象。

2. 专业化：打造专业化新型批发市场

按照"综合品类互补、专业市场划分"和"建筑规划科学合理，特色业态顺应市场"的思路，进行招商和划行归市，针对商贸流通企业的特点，打造硬件专业化、运营专业化、服务专业化的三大专业体系，形成具有高桥特色的第五代专业市场。

（1）硬件专业化。建筑规划科学合理，完善消防、交通等配套设施，建设集便利、舒适、安全、体验于一体的"购物体验式"新型批发市场，打造最舒适的购物体验场所。

（2）运营专业化。优化业态布局，重点布局有产业支撑、有知名品牌、有湖湘特色的业态，保持市场竞争力；创新运营方式，打造"专业市场＋展会经济"新模式，帮助商户提升销售业绩，达到"市场服务商户、商户受益发展"的效果；拓展行业资源，健全商户服务体系，提高商户服务满意度。

（3）服务专业化。统一运营管理，组建超过千人的服务团队，形成八大服务中心，保障经营有序；建立商户数据库，开展"商户诚信文明积分管理"，构建诚信文明市场；建设食品安全快速检测室、食品安全管理办公室和高桥防伪溯源系统，打造安全放心市场；建立市场培训体系，开办"高桥商贸大讲堂"，提高商户运营能力。

3. 信息化：构建信息化智慧市场

把握"互联网＋"趋势，打造高桥"服务型＋功能型＋智能型"互联网信息平台，推进市场从传统商贸市场向线上线下融合的新型"智慧市场"转变。

（1）数据高桥，建设共享自主订货平台。整合商品流通中的仓储物流、网上商城、电子支付、结算分账等信息数据，搭建共享的全渠道移动商品订货平台，快速实现全渠道移动订货、移动支付、分销管控、营销推广等，帮助商贸流通企业实现经营模式升级，走多元化发展之路。

（2）电商高桥，实现线上线下融合发展。精选优质商户和产品，打通上游线上供应商端口和下游销售端口，组织商户在"高桥商城"开设网上商铺，实现"一键开店"，打造"一店两铺"，实现线上线下融合发展；建设政府采购电商交易平台，运用公品商城，帮助商户拓展政府销售渠道。

（3）智慧高桥，打造全新智慧服务体验。利用 Wi－Fi、VR 全景导航和大数据分析等先进技术，打造移动 O2O 综合服务平台和智慧导航系统，提供 720°全景观看、无线导航、商铺查询、在线导购以及基于 LBS 定位的精准商品推荐服务，推动市场实现智能化、可视化、创新化管理。

4. 产业化：构建全产业链平台市场

以大商贸拉动大产业，引导和培育商户向"流通型＋实体型"方向发展，整合上下游产业链资源，搭建"电商物流一体化"高效服务平台，打造"电商 ERP＋智能仓储＋物流配送"全价值链模式，形成"以商贸促产业、以产业促发展、以发展促升级"的新格局。

（1）整合产业链资源，做大产业链规模。打通上下游渠道，集聚产业链资源，形成涵盖设计研发、生产加工、营销推广、仓储物流等的一体化的全产业链整合服务平台，形成上下游产业支撑有力、商贸流通繁荣的发展局面。

（2）打造现代产业园区，构建产业价值共享平台。吸引和引进更多有品牌的产业、有上游资源的厂商入驻，帮助商户做大产业链发展规模，使高桥大市场成为产业链上下游资源集聚和价值共享平台。

（3）实现智能互联，推动电商物流一体化。致力于物联网和互联网技术的融合应用，实现人、车、货的实时感知和上下游企业间的高效协同，积极推动电商物流一体化发展，打造城市共同配送体系和统一仓储配送体系，构建规模化的高效协同运输网络，帮助商户降低经营成本，提高经营效率。

5. 国际化：建设国际化批发交易

贯彻"一带一路"倡议，落实湖南"创新引领，开放崛起"发展战略，助推湖南"打造内陆开放新高地"，发挥产业集聚效应，建设"全球贸易中心"，成为中部进口商品集散中心和中部国际采购中心，形成"全球生产、高桥交易服务、世界消费"的贸易格局。

（1）买全球卖全国，打造中部进口商品集散中心。2016年，建成开业高桥国际商品展示贸易中心，50多个国家和地区的上万种商品在这里展示交易，搭建了全球产品进入中国中部市场的快速通道，世界各地的商品可以通过高桥大市场成熟的商贸流通网络，快速辐射到中部千亿级市场。

2019年，建成开业"湖南（高桥）非洲商品展销馆"，融合非洲文化特色，有农产品、工艺品、酒水等2000余款商品，是中非经贸博览会下唯一、长期性线下展示展销平台，成为中国中部非洲商品集采分销中心。

（2）买全国卖全球，打造中部国际采购中心。2018年，获批成为"国家市场采购贸易方式试点"。2019年，建设"湖南出口产业集聚区"，是全球采购商"一站式"采购湖南商品的首选地。总面积2万平方米，将汇聚湖南各地的名优特产，比如陶瓷、箱包、假发、茶叶等2000多家湖南优秀厂商，是湖南最大、品类最全、产业最集中的特色产品出口基地。

同时，高桥大市场在全球建立100家湖南产品境外展销中心以及国际采购商联络站、高桥大市场海外分市场等，助推"湘品出海"。目前，已经开业中国香港、印度、阿联酋三个境外展销中心。2019年，在泰国、巴西、塞内加尔、罗马尼亚等建成10个境外展销中心。

（3）完善外贸服务平台体系，构建国际经贸文化交流网络。加强和完善"四中心、两平台、两基地"外贸平台体系的建设，形成了完备的进出口业务服务功能，组建专职运营团队提供统一服务，为出口企业、全球采购商提供贸易代理、物流运输、商务翻译、报关报检等全流程外贸服务。

高桥大市场持续拓展外贸发展渠道，不仅与澳大利亚澳佳集团、波兰沃斯集团等国际性大型采购商合作，还与英国、罗马尼亚、波兰、意大利等40多个国家和地区的政府、商协会和企业建立了采购合作关系；2018年，高桥大市场进出口贸易总额超过9.6亿美元，到高桥大市场采购的外商超过3万名。

（二）管理模式方式创新

一是"专业的人做专业的事"，提升员工专业化水平。市场要求商管部门不仅做好日常管理，更要成为所在行业的专家，能够指导商户做好经营。各商管部门根据自身行业特点，深度了解行业，建立了针对性的精细化运营、标准化管理体系，形成订货会、新品发布会、专业展会和行业论坛等新型运营模式，引导各专业市场繁荣发展。

二是大力实施信息化管理体系。高桥大市场在内部推行办公自动化，普及使用OA办公软件，实现所有流程和业务的信息化。同时在财务管理、物业管理、进销存管理、停车管理、安全管理等方面，也都使用了各类专业信息化管理工具。其中，"高桥管家"App是高桥大市场2019年上线的商户综合服务平台，可为商户提供市场公告、市场信息、服务提交、互动交流、诚信积分管理、风险预警及领导信箱等服务。平台与OA管理系统实现后台联通，商户服务需求除传送至商管部门外，还同步发送至相关职能部门和主管领导，保证服务需求及时解决、全程监控。

三是培育高桥商贸新生力量。新型商品交易市场是商人的实战培训基地，高桥大市场以"高桥商贸大讲堂"为基础，积极开展市场管理人员及商户的培训培育。对市场管理人员，以职业化、专业化为目标，开展文化培训、职业培训和业务培训；对市场商户，引进行业专家，引导商户开展转型升级，成为创新、创业的平台；激励更多的高桥创二代、大学生、店员进入市场，成为新兴经营主体；促进各类新兴经营主体更加了解高桥、了解行业、了解趋势，与业内企业、协会交流，整合资源。另外，高桥大市场还每月举办一场"商户跨区互动学习活动"，组织有品牌、有经营理念的商户相互学习交流；还组织商户外出观展、参观学习，让商户开阔眼界、拓宽业务渠道。

四是拓展直播、抖音带货等网红销售渠道。现在新媒体、新渠道层出不穷，特别是网红直播非常火。高桥大市场紧跟潮流，打造了金鹰955"听见什么拿什么"、miss网红带货节等活动，面向网络上的新一代消费人群和新媒体势力构建"买商品，来高桥"的印象，2017年的"听见什么拿什么"活动吸引30余万人参与在线互动。在miss网红带货节活动中，联合抖音、映客、斗鱼、虎牙、快手、花椒等平台，由网红为商户带货，仅"散打哥"一天在快手平台就销售了俄罗斯面条2.7吨。

（三）新技术应用创新

高桥大市场把握"互联网＋"趋势，不断引入新兴技术，构建数字化智慧市场，打造"服务型+功能型"互联网平台，推进市场从传统商贸市场向线上线下相结合的新型"智慧市场""数字市场"转变，主要包括以下几个方面。

一是官方电商平台"高桥商城"已上线优质商户4000多家，实现线上线下"一店两铺"；高桥商城还打通了长沙市公品商城平台，商户可以借助公品商城拓展政府销售渠道。同时，高桥大市场为商户提供全体系电商服务支持，整合商品流通中的仓储物流、网上商城、电子支付、结算分账等信息数据，搭建供应链信息化管理平台，覆盖全渠道分销订货、下单、付款、审核、出库、发货、结算等全部业务环节，实现全渠道移动订货、移动支付、分销管控、营销推广等业务，让高桥大市场商户从传统的经营模式中跳出来，走更加多元化的发展之路。目前，高桥商城年交易额超过5000万元，带动线下交易5亿元，有力地促进了商户的销售。

二是利用Wi-Fi、LBS、大数据等信息技术，打造移动O2O综合服务平台，为采购商和消费者提供免费Wi-Fi上网、商品查询、店铺查询、服务设施查询、室内室外路径导航、在线导购，以及基于区域定位的精准商品推荐服务。采购商和消费者可通过Wi-Fi三点定位技术，即时获知当前所在位置和目标店铺的导航路径。

三是利用物联网技术和业内最先进的"一物一码"技术，打造高桥防伪溯源系统，实现商品生产、流通、销售全流程的可监控、可追溯、可查询。每个商品均拥有独一无二的防伪二维码和防伪密码，无法篡改，也无法批量复制，并与高桥官方电商平台互联互通，让采购商卖得放心，让消费者买得放心。高桥防伪溯源系统率先在高桥国际商品展示贸易中心启用，累计为 20 个国家的超过 5000 种进口商品提供防伪溯源认证，采购商、消费者可扫码查询进口商、报关单、商检报告等详细的商品信息。

四是牵头建设商贸信息化管理平台，涵盖开单、仓储、物流、门店管理等商户经营各个方面，提高商户管理水平和经营效率，逐步建立和完善市场商贸大数据，指导商户更好发展。

（四）市场服务创新

高桥大市场位于城市中心城区，随着城市规划升级，市场内及周边物流配套设施已全部外迁。仓储物流配套远、成本高、效率低，成为制约商户发展壮大的重要因素。为解决物流问题，高桥大市场牵头建设了集仓共配供应链服务体系。

1. 集仓服务

建设了近 20 万平方米的高标准、高规格、智能化、立体化的现代化仓储物流基地。园区内配置了大功率充电桩、大型升降梯、高等级消防设施、叉车、拖车、高位立体货架、单层重型货架等仓储物流设施设备，由专业物流管理团队为商户提供仓库规划设计、货架设计、货架搭建、仓库改建、仓库整体升级、仓库特殊改建、人员培训、仓库 6S 管理、仓库效率提升、人才招聘、设备共享、物流咨询、物流接驳等增值服务，帮助商户提高仓管水平。物流园还试点 1 万平方米的共享仓储，引入 WMS 仓储管理软件、TMS 车辆管理软件，通过统一仓储、立体货架、高位叉车、自动分拣等现代化仓储物流设施设备，利用托盘操作对多个商户的商品进行集中存放管理、集中分拣、集中配送，为商户提供"一站式"、管家式的统仓统配运营服务。自动化、智能化仓库也在逐步试点过程中。

2. 共配服务

2017 年开展了高桥供应链服务项目试点，在高桥大市场以及物流园设置了"共配服务站"，整合商户门店和仓库小批量多批次发货的需求，进行集中出库、集中配送，并利用 TMS 系统进行智能路线规划。共配服务改变了商户自主配送的传统模式，将平均车辆装载率提高了近 20%。

未来，高桥大市场将持续探索，争取实现统订统仓统配服务，即借助订货、仓配信息化系统，帮助商户完成物流、仓储、配送、订单管理等全流程供应链服务，使商户只需专注经营，物流由专业机构完成，提高经营管理效率，降低成本。

（五）场内商户经营创新

市场商户不断创新商贸流通发展模式，涌现出一批新商贸、新流通、新批发的发展标杆。

一是全面解决方案模式。捷欧咖啡、众福园林等商户由单纯售卖商品，升级为全面提供"产品提供＋店铺设计＋开店指导＋运营培训"解决方案的新商业模式，培育下游零售商，开拓了业务发展新空间。

二是定制＋体验式服务模式。壹品工坊、迪恩威工艺品等商户由单纯售卖商品，升级为提供消费者个性化需求定制服务，有效抓住消费升级热潮，稳固和拓展新的经营市场。

三是智慧供应链模式。继丰食品、南方饼业等商户搭建智慧供给链平台，将商户、零售商、运输方汇聚起来，构成供应链生态体系，赋能新流通。

四是平台型供应链体系模式。长江制衣、超勤体育等商户形成自主品牌优势，借势线上线下完整渠道，朝"产品标准制定者、行业上下游资源整合者、产业发展服务者"的平台型公司发展。

五是品牌集中发布培育中心。喜吖吖、明琼食品等商户建设了休闲零食体验中心，提供新品品鉴、现场体验及品牌交流服务，全方面展示产品品牌形象。借助其积累的客户及渠道网络，实现快速地把优品打造为爆品和品牌的目的，成为休闲食品行业新品发布中心和培育中心。

（六）其他创新

1. 推进诚信市场建设

为了规范市场经营者的经营行为，营造遵纪守法、诚信文明、运营有序、规范整洁的市场经营环境，推进持续繁荣发展，高桥大市场自 2017 年起，面向全体商户推行了《商户诚信文明积分》管理制度。《商户诚信文明积分》共分 13 项 144 条，高桥大市场根据市场的特点逐项逐条研究分析，组织相关职能管理部门讨论，并与商户反复沟通修改，最终保证相关条款和积分规则公开、公平、公正，得到商户的认可和支持。

《商户诚信文明积分》实施积分管理，由商业管理及相关职能管理部门对商户行为进行加分和扣分，积分结果与商户利益直接挂钩，包括合同签订、商铺位置调整、租金优惠减免、荣誉表彰奖励、资源提供和服务支持等，保证积分管理效果。高桥大市场还会在每年年会期间举办诚信文明商户评选活动，对积分高的商户在年会上给予公开表彰，并颁发奖金。目前，商户诚信文明积分制度得到商户广泛认可，成效明显提升。

2. 建立食品安全管理体系

食品安全是市场运营的生命线，高桥大市场的休闲食品、茶叶、农副产品、中药材等，关系食品安全大事，市场牵头建立了完善的食品安全管理体系。

一是成立食品安全管理机构。成立食品安全管理领导小组，总经理任组长；建立食品安全管理办公室，组建专业的食品安全巡查队伍，由高桥市场监管所和高桥大市场双重管理，实行专人、专事、专区管理，按制度实施日常巡查和不定期抽查。

二是建立食品安全快速检测室。与食品安全专业检测机构合作，设立"实验室级别"的食品安全快速检测室，除可对市场农产品进行常规化快速检测外，还可以对市场流通的预包装食品、餐饮店铺进行微生物检测，这在全国同类批发市场是独一无二的。快检室按计划开展产品抽检，并为商户提供送检服务，检测结果全部纳入全市食品安全联网平台对外发布，对检测发现的不合格产品要求商户下架处理。目前，市场每月检测产品约 200 批次，产品合格率为 90% ~92%。

三是强化食品安全管理。根据相关法律法规，制定了 6 项食品安全管理制度，要求商户持证经营，实施索证索票和溯源管理，商户入驻市场时，必须签署《食品安全责任协议书》，将责任协议化、落实到户；市场还设立了 400 - 6227 - 999 食品安全客服热线，接听消费者食品安全投诉。

四是加强宣传普法和培训。通过多种形式，在市场内持续开展《食品安全法》和食品安全管理知识培训；每年 7 月，市场会邀请市场监管局和食品安全专家现场授课，对市场所有商户实施轮训，并实施考核，确保培训效果。

五是建立产销对接。由市场牵头，与生产基地建立产销对接关系，目前已经与新疆若羌县红枣基地、湖南祁东县黄花菜基地等优质生产基地签署合作协议。

3. 探索市场采购贸易新业态

市场采购贸易方式使不具备国际贸易知识和技能的中小微生产企业和个体商户成为新的贸易主体，是外贸新业态，也是新的增长点。高桥大市场市场采购贸易方式试点于 2019 年 3 月正式启动，2019 年，实现市场采购贸易出口 8669 票，出口额 6.5 亿美元，从事市场采购的各类经营主体已达 2300 多家。

根据湖南出口产业及中小微出口企业特点，高桥大市场构建了涵盖"湖南出口产品集聚区 + 国际市场营销体系 + 市场采购贸易综合服务中心"三个环节的业务闭环，开展业务、监管、金融、物流及服务等方面的创新，形成出口贸易新生态。具体如下。

湖南出口产品集聚区定位为全省各地州市优势产品、广大中小微出口企业以及各类市场采购经营主体（代理商、物流企业、外贸服务企业等）的集聚发展平台和展示贸易平台，是市场采购贸易的主要窗口，让国际采购商"一站式"、第一时间了解产品、筛选产品及下订单，降低时间成本。

国际市场营销体系包括：建设 1 个湖南产品国际站（线上）平台，在国内采购商集聚城市设 50 个国际采购商联络站，每年举办和参加 50 场国际采购商对接会、展会活动等，在全球设立 100 个境外营销中心，每年服务国际采购商 10 万余人，并吸引 5 万~6 万国际采购商到高桥开展采购。目前，各平台建设情况如下。

湖南产品国际站（线上）平台，是湖南特色产品的线上展示、交易、服务平台，包括"供应商线上产品展销""采购商客服及大数据""外贸综合服务平台"三大功能板块，提供湖南出口产品展销、供应商管理、新品发布、采购商大数据分析、采购商积分管理、订单管理及外贸服务接入等服务。目前，供货商端口已开发完成并投入试运行，采购商和服务商端口正在开发中。

国际采购商联络站是高桥大市场在国内采购商集中的城市开设的采购商服务网点，与当地专业的外贸服务公司及外贸代采公司合作，以购买服务的形式，邀约组织国际采购商到湖南采购。目前，已在义乌、广州、宁波建成了三个国际采购商联络站，掌握了 4 万多个国际采购商资源。2019 年，共计建成 5 家采购商联络站，到 2020 年将达到 50 家。

通过采购商对接会、展会集中邀约国际采购商到湖南，与供货商面对面对接，洽谈业务订单，2019 年已在广交会、中非经贸博览会等期间，举办对接会 6 场。

境外营销中心是湖南出口产品集聚区的"海外微缩版"。湖南特色产品将在采购商家门口展示，采购商不出国门就能直接体验、采购，并在境外为采购商对接产品资源，满足采购商贸易需求。境外营销中心还负责收集订单信息和需求信息，了解销量高的产品，让生产企业第一时间了解市场需求，开发有针对性的产品。境外营销中心由高桥大市场牵头，与境外大型供应链公司、贸易公司合作建设，充分利用它们成熟的销售渠道，快速打开市场。展厅建设须满足面积大于 500 平方米、境外合作伙伴有当地的渠道网络资源和运营能力、招聘当地员工做产品销售三个条件。目前，已在印度、迪拜、巴西、塞内加尔开设了 4 家境外营销中心，罗马尼亚、菲律宾、泰国、肯尼亚展厅正在建设之中，2019 年建成 10 家，2022 年将达到 100 家。

市场采购贸易综合服务中心位于湖南出口产品集聚区一楼大厅，由雨花区政府设立正科级管理机构"雨花区市场采购贸易服务中心"，并在市场内开设办事大厅，设商务咨询、商事登记、税务咨询、外汇咨询、市场采购服务、法律金融六个办事窗口，相关政务服务落实"就近办"，并为经营主体在海关备案、市场监管注册等事项提供"帮代办"服务，打造"环境最优、速度最快、成本最低、流程最简"的市场采购贸易营商体系。

四　湖南高桥大市场创新经验

高桥大市场积极思考新时代背景下经济社会赋予商品交易市场的功能定位，总结市场 20 多年发展的经验，结合行业、城市、市场及商户竞争环境的变化，积极探索商品交易市场转型发展的方向和路径，取得了明显的成果。核心经验体现在以下三个方面。

一是底线作用。规范管理，保证市场和行业健康有序发展。

二是引领作用。打造引领产业、引导消费的重要平台。

三是创新作用。开展线上线下融合、内贸外贸一体化、商贸产业联动的探索。

未来，依托市场已经形成的经营管理团队及创新意识和服务能力，高桥大市场还将持续探索，继续推动市场健康、稳健发展，引领行业发展方向，为商品交易市场行业发展做出应有的贡献。

一 海宁中国皮革城基本情况

海宁中国皮革城（简称中国皮革城或皮革城）是中国皮革业的龙头市场，也是全国中高端秋冬时装的一级批发基地，已建成以海宁为总部，辐射全国的连锁市场网络，营业面积达346万平方米，年交易额超过200亿元、客流量1400多万人次。

中国皮革城始终致力于中国中高端秋冬服装产业的培育工作，带领广大皮革终端产品制造商、原辅料供应商、皮革设计师、品牌运营商、物流运营商打造了从研发到销售的全产业链整合服务平台和价值共享平台，成为目前中国皮革产业的集散中心，设计研发、品牌文化的孵化平台，价格信息、市场行情、流行趋势的发布中心，同时塑造了海宁皮革这一中国产业集群的典范，创造了被业界誉为"一直被模仿，从未被超越"的"海皮模式"。2017～2019年海宁中国皮革城的运营基本情况见表1。

表1　中国皮革城基本运营情况

年　份	交易规模（亿元）		商户数（户）		总收入（亿元）	净利润（亿元）
	实体	线上	实体	线上		
2017	202.09	116.49	9881	4269	15.29	4.04
2018	180.87	175.40	9592	4915	14.57	4.21
2019	200	252.47	9700	6300	14.13	2.79

二　海宁中国皮革城创新发展战略规划、思路及愿景

根据浙江省政府工作报告"八大万亿"产业战略规划，中国皮革城以省级产业创新服务综合体为载体，在巩固皮革主业的基础上，利用皮革产业链基础和资源优势，用五年时间，通过发展以皮、毛结合时装为特色产品的秋冬时装为突破口，逐步向四季时装延伸，形成足以辐射长三角地区的中高端四季时装设计、生产、批发、销售中心。

（一）打造时尚产业制造平台

加大园区建设力度，结合"低散乱"整治，向"时尚化、高新化、智慧化、绿色化"（四化）的五星级园区转型，建设示范园区，提升平台能级和产业集群水平。

（二）提升市场能级

加快时装类产品的叠加，着力引进国内外优秀时装企业，引导商户增加时装品类，逐步形成以高端秋冬装为特色，全品类、"一站式"购齐的四季时装市场。

（三）深化互联网营销平台建设

推动"互联网＋产业"合作模式深度发展，谋求线上线下融合发展新突破。与微博、微信、抖音、快手、B站等社交平台开展合作，积极发展 MCN 等社交新零售模式，引进和培育更多电商网红孵化与营销平台，推动新零售、新批发、社交电商、直播电商发展，为企业提供从网红、粉丝运营、开店到供应链的全链路服务，全面打通实体市场与线上渠道。

（四）搭建国际交流合作平台

鼓励企业积极"走出去"与"请进来"有机结合。支持企业组团在"米兰时装周""纽约时装周"等国际展会集体参展亮相，发布海宁时尚专场秀，加强与米兰、巴黎等国际时尚中心开展常态化合作。进一步扩大本土展会国际化水平，深化与国外时尚协会联系互动，提高国外参展商、采购商的比例。加快企业通过跨境电子商务拓展欧美、"一带一路"共建国家和地区等海外终端市场，推动有条件的企业以整合、自建、租用等多种方式发展跨境电子商务海外仓业务，完善提升跨境电子商务供应链体系。

（五）试点建设时尚产业生态综合体

加大国际设计大咖、知名设计师工作室等招引进驻力度，大力培育和引进一批优秀设计企业，支持企业到米兰等国际时尚中心设立设计研发中心、分支机构。以设计驱动为核心，依托互联网技术，打造时尚产业生态，激活服装产业资源，整合服装供应链，联动上下游优质企业，打造集设计展示、设计师交流、原辅料展示、市场销售、主题论坛等多元素聚焦、一体化运行的时尚产业生态平台。

（六）打造一个国际时尚发布中心

坚持引进与培育并重，链接国内外优质设计、展会等资源，打造"海宁国际时尚发布中心"，通过举办和参加各类高规格、有影响力的新品发布会、展会、走秀、论坛、峰会、培训，打响海宁设计品牌，打造海宁时尚潮城。

三 海宁中国皮革城创新举措

（一）思路方向、发展战略创新

近年来，随着宏观经济形势严峻、消费模式变化、电子商务冲击、全国各地2000多家小规模市场林立等多种因素叠加，海宁中国皮革城经历了繁荣之后，出现了逐步下滑的态势，经营商户销售下降，商铺租金承压下滑。面对新常态，皮革城如何再一次突破自我、走向服务产业的新高地是当前努力的方向。2017年4月，以董事长张月明同志为首的皮革城新一届领导班子履职，在反复调研和实践的基础下，提出了"巩固提升皮革主业、叠加发展时装产业"的战略方针和打造"世界皮革时尚之都""中国高端秋冬时装之都"的发展蓝图。

（二）管理模式方式创新

商户方面，通过为商户提供网红直播、网上资源对接、技能培训等各类增值服务，推动商户经营意识、经营水平提升，为全产业链培养人才；打造战略合作联盟，梳理全国皮革、时装类重点企业名单，形成中国皮革城特有的品牌联盟，通过互利互惠、共赢合作，探索全新的市场运作模式。消费者方面，通过完善皮革城品牌认证体系、VIP 会员及售后服务体系，扩大市场明码实价、明折明扣区域，提升消费者对市场及商户的信任度；增加"餐"、"饮"及其他休闲配套业态，优化停车场管理等措施，提升购物体验。

（三）销售运营模式创新

推动网上网下融合发展。加快与阿里巴巴、京东、天猫等网上批发市场、电商平台的合作步伐，开设网上市场、旗舰店、专区；探索通过入股等形式，参与社交电商平台运营，引导市场商户大规模入驻，提升海宁时装在网上销售口碑和份额，让实体店铺成为电商平台"仓库"，推动实体店铺交易量，提升商铺价值。

（四）产业链服务创新

加快时尚产业配套服务。推进时尚创业园建设，完善时装产业链条；推动市场 G 座四季时装馆 5~7 楼、F 座电商供货中心、时尚创业园等项目招商工作，主动对接、引进北京、杭州、深圳等大城市外迁优秀时装企业；优化市场业态布局，引导商户增加时装产品品类，特别是高端秋冬装的占比，逐步形成全品类、"一站式"购齐的四季时装市场；完善市场智能物流及仓储配套，提升销售终端的服务支撑能力，降低物流成本。

（五）对外影响力创新

提升产业国际化、时尚化程度。持续组织企业参加"米兰时装周""纽约时装周"等海宁时尚秀发布会，以及上海 CHIC 展、深圳 FS 博览会等国内外重点服装展会，通过集体参展亮相，扩大"中国海宁、时尚潮城"对外影响力；创新举办海宁原创设计周、皮革博览会、采购商大会等活动，打响海宁时尚产业基地品牌。

四　海宁中国皮革城创新经验

总结海宁中国皮革城近几年的创新经验，主要有以下三点。

一是加大力度推进时装产业发展。经过持续培育，皮革城拥有了完整的高品质服装产业链，服装款式与世界时尚同步，生产工艺与意大利、土耳其等行业强国已经处于同一水平线，在行业中竞争优势明显。要继续站在打造辐射长三角乃至全国中高端服装产业基地的战略高度，重点培育服装产业，支持服装产业的探索与发展，推动我国时尚产业整体实力的提升。

二是助推产业网上网下融合发展。近年来，电子商务发展迅猛，特别是浙江作为电子商务大省，拥有包括阿里巴巴等在内的众多电商平台。近年来，皮革城通过在网上网下融合方面持续发力，带动了一大批企业"触网"，但由于掌握的平台资源有限，对服装企业的引领作用还有待加强。

三是加强商贸项目建设的规划引导。从市场经济来说，商业项目开发建设是自由行为，但是从实际情况看，造成了土地资源、社会资源的大量重复占用，恶性竞争严重，连带整个流通环节囤积大量库存，造成流通效率低下甚至资源浪费。专业市场开发建设要根据当地的产业特色、地域环境，因地因时错位建设开发，形成良性竞争、互利互助的商贸环境。

浙江绍兴中国轻纺城创新发展

一　浙江绍兴中国轻纺城经营现状

浙江绍兴中国轻纺城（简称中国轻纺城或轻纺城）是全国规模最大的纺织面料专业批发市场，中国轻纺城东升路市场、东市场、联合市场、北市场、北联市场、天汇市场、坯布市场、服装市场等专业市场总面积达 390 万平方米，拥有经营户 3 万余户，经营品种 5 万余种，销售网络遍布 192 个国家和地区，日客流量达 10 万人次，市场群年成交额超 2000 亿元。全球每年有 1/4 的纺织面料在此交易，与全国近 1/2 的纺织企业建有产销关系。

（一）中国轻纺城交易规模

2014 年，中国轻纺城市场群实现成交额 1238.13 亿元，同比增长 12.04%，其中面料市场成交额 742.10 亿元，同比增长 16.05%。同时，"网上轻纺城"实现在线交易额 112.72 亿元，同比增长 89.83%。

2015 年，中国轻纺城市场群实现成交额 1381.85 亿元，同比增长 11.61%。同时，"网上轻纺城"实现在线交易额 174.73 亿元，同比增长 55.01%。

2016 年，中国轻纺城市场群实现成交额 1504.14 亿元，同比增长 8.85%，再创历史新高，其中面料市场成交额 970.01 亿元，同比增长 12.03%。与此同时，"网上轻纺城"实现在线交易额 220.76 亿元，同比增长 26.34%。

2017 年，中国轻纺城市场群实现成交额 1642.5 亿元，同比增长 9.2%，其中面料市场成交额 1080.7 亿元，同比增长 11.4%。同时，"网上轻纺城"实现交易额 303.7 亿元，同比增长 37.6%。

2018 年，中国轻纺城市场群实现成交额 1808.38 亿元，同比增长 10.1%，其中面料市场成交额 1214 亿元，同比增长 12.33%。同时，"网上轻纺城"实现交易额 420.4 亿元，同比增长 38.43%。

（二）中国轻纺城营业面积

中国轻纺城拥有 24 个专业市场，其中核心市场 16 个，建筑面积 200 余万平方米。截至 2019 年 8 月，全球纺织网和"网上轻纺城"总商铺数 92511 家，会员 206 万人。

（三）2018 年中国轻纺城市场收入及净利润

2018 年，中国轻纺城集团股份公司（简称轻纺城集团）实现营业收入 9.80 亿元，比上年同期增长 6.02%，其中市场租赁业务收入 7.66 亿元；利润总额 6.77 亿元，比上年同期增长 33.89%，归属于母公司的净利润 5.14 亿元，同比增加 35.05%（含老服装市场拆迁补偿）。

二 浙江绍兴中国轻纺城创新发展 战略、思路及愿景

（一）战略指导思想

中国轻纺城高举"三次创业"旗帜，全方位创新体制机制、管理流程、商业模式，着力巩固专业市场，拓展物流和金融产业领域的业务，积极寻找探索轻纺城业绩的新增长点，形成实体市场、现代物流、现代金融服务等市场配套业务的经营格局，提升价值链；依托"互联网＋"理念，推动轻纺城实体市场与互联网、大数据、物联网等跨界融合发展，整合轻纺城集团各业务领域的资源，形成统一的交易平台系统，提供有针对性的综合配套服务，推动轻纺城集团转型发展，提升产业链，使轻纺城集团成为"中国规模领先、效益最好、实力非凡的专业市场服务公司"。

（二）创新基本原则

借力"三次创业"发展战略原则。适应轻纺城"三次创业"的指导思想，充分认识企业发展面临的新形势，对自己的竞争战略、经营方向和企业经营管理模式进行重新调整和变革，为产业升级转型打造强有力平台。

以市场优势稳固商圈基础的原则。留住商户的关键手段是
围绕市场，通过技术革新和商业模式创新，降低成本，以良好
的服务让这些商户赚到钱。

有所先为、有所后为的原则。集中精力把有效的资源用在
与主导产业相关的市场核心业务上，抓好与主导产业相关的物
流和商圈金融等高附加值项目，始终把构造提升主导产业的核
心竞争能力作为根本。

以人为本创新发展的原则。坚持不断创新的原则，在企业战略
实施过程中，始终把以人为本作为发展的原动力予以重视和执行。

三　浙江绍兴中国轻纺城创新举措

主要是以"轻纺城＋"为核心，全面加快轻纺城实体市场、
时尚创意、电子商务、现代物流、会展经济、现代金融六大方
面的协同发展。主要创新举措如下。

（一）加快实体市场升级改造

一是加快新市场建设。推进西市场改造升级。着力将西市
场建设成以经营高档面料为主、与国际时尚潮流同步的新一代
综合体市场。二是整体改造瓜渚湖南岸区域。抓紧谋划瓜渚湖
南岸老服装市场区域的综合改造，全面提升瓜渚湖南岸公园和
该区域传统市场的档次。三是综合改造老旧市场。结合市场的
实际情况，有计划有步骤地对老旧市场进行综合改造，使市场
的环境档次不断提升、功能布局更趋合理。四是规划建设新品

类市场。合理确定冠成国际等项目的经营品类，进一步细化主要经营区块的品类布局，加快新品类市场的规划建设，谋划新型低碳类面料市场、进口转口面料市场等。

（二）完善市场配套设施

一是全面建设市场区域仓储物流集运点。通过系统谋划、科学布点，调研谋划在西市场区块、精品广场、天汇广场等重点区域建设仓储物流集运点，满足传统市场交易区货物快速集散需求。二是加快市场区域生活配套服务设施规划建设。按照"相对集中、统一样式、提高档次、规范管理"的原则，结合瓜渚湖南岸区域以及老旧市场的综合改造，加快规划建设为经营业主、采购商服务配套的餐饮、商务洽谈、休闲购物等生活设施。三是加快市场信息基础设施建设。在各个市场规划建设为电子商务、智能物流、交易结算等配套的信息化基础设施，并开发相应的服务系统，如商品选购、花样二维码等软件。

（三）强化市场管理服务

一是优化市场管理服务机制。完善"轻纺城综合服务中心"运行，谋划设立"柯桥国际贸易服务中心"，同时调整完善市场区域范围内的相关审批服务流程，提高为市场经营户及境内外客商办事的效率。二是推进市场区域环境综合整治。在全面拆除市场区域违章建筑、杜绝各类乱搭乱建现象的基础上，对各市场的立面进行重新统一规划设置，并统一设计轻纺城市场标识、标牌。同时，修复市场区域的垃圾箱、公厕等基础设施，并对市场区域道路、建筑立面进行改造。三是加强市场区域交通秩序整治。借助智慧交通系统，规范设置完整的轻纺城市场指示系统，规范整治市场区域"四小车"，在主要道路、路口等增设市场指示牌。

（四）做强网上虚拟市场

一是推动实体市场与电商市场融合发展。推动实体市场通过"网上轻纺城"或其他第三方电商平台，与外地市场或大型经销商建立联系、加强合作。同时利用现有摊位、仓储等优势，逐步向网商配送型市场转变，打造线上线下相互支撑、协同发展的现代市场体系。二是加快电子商务平台建设。借鉴"义乌购"的成功经验，加快优化整合"网上轻纺城"资源，完善"网上轻纺城"运行体制机制，打造集行业指数、产品信息、在线交易、贸易融资、现代物流等功能于一体的全国纺织产业标志性电商平台。三是推动网上纺织品创意产业发展。以"网上轻纺城"专业化的垂直电商平台为载体，拓展纺织品在线创意服务功能，全面提供创意设计、创意产品展示、创意产品在线定制等服务。

（五）优化市场物流体系

一是调整物流资源与功能规划。针对轻纺城物流发展现状、远期目标及国内物流、国际物流、电商物流功能布局，抓紧对轻纺城物流基地、物流资源进行重新梳理、定位、规划，从而形成功能齐全、布局合理的现代物流园区发展格局。二是加快物流项目建设。尽早建成投用中国轻纺城国际物流仓储中心一期项目，适时启动二期建设项目。同时，加强现有可用物流用地招商引资，引进建设一批重大物流项目，加快形式规模效应。三是推动联托运市场提升。以轻纺城联托运企业为主体，加快轻纺城联托运物流市场的开放和提升，鼓励轻纺城联托运企业兼并整合并组建现代物流企业，探索发展商贸托运和城市配送服务，全面提升轻纺城联托运运营效率。

（六）推进创意产业发展

一是加快建设纺织创意基地。对现有创意大厦进行整体功能布局的调整完善，进一步突出时尚、创意、设计等功能。在F5创意园区建设纺织云体验广场，作为柯桥纺织服装"产业云平台"建设的成果展示基地。二是培育创意企业和人才。通过"布满全球"、产业对接等方式，加强与国内外纺织科研院所、高等院校、创意机构等的交流合作，大力引进优秀的纺织工业设计企业和设计人才。三是搭建市场创意平台。加强与中国纺织工业联合会等单位的合作，积极举办高层次的时尚盛会，积极参与、申办"世界纺织大会""世界时尚大会""世界服装大会""亚洲时尚大会"等。同时，经常性开展丰富多样的时尚创意活动，如举办柯桥纺织指数发布会、高层次设计大赛、流行趋势发布会、创新论坛等。

（七）加快拓展行业会展经济

一是优化会展项目结构。在强化纺博会龙头作用的同时，发展多元化展会，引进和培育国内外知名纺织专业展会，举办更多全国性、国际性的纺织专业展会。二是引进重大会议论坛。借助时尚创意各类活动、赛事及纺博会的影响力，积极引进全国性、国际性纺织类专业会议、论坛。三是加强对外交流合作。通过"布满全球"等平台，加强与上海、广州等产业集群地的合作，争取以中国轻纺城名义组团举办或参加各类展会，同时积极谋划举办"纺博会"境外展。

（八）着力完善市场金融服务体系

一是优化金融服务。做强股份公司金融服务业务，在优化现有担保服务的同时，探索符合轻纺城发展的金融服务，向更多经营户提供短期贷、小额贷等金融品种。二是创新支付方式。拓展"网上轻纺城"在线支付模式，将更多的机构接入"网上轻纺城"在线交易系统，同时推出线上线下融合的快捷支付工具。三是探索互联网金融。由股份公司出资成立互联网金融公司，通过建立 P2P 网络借贷平台，探索市场金融业务流程外包、信息技术外包、金融知识流程外包等服务。

四 浙江绍兴中国轻纺城创新经验

轻纺城"一次创业""二次创业""三次创业"的推进实施，主要有四个方面的经验。

一是产业与市场相互促进发展。轻纺城市场是伴随绍兴以纺织企业为代表的乡镇企业较早、较快发展应运而生、不断壮大起来的。轻纺城市场从单一的交易向交易、创意、研发、会展等多功能拓展，从国内市场向国际市场扩张，推动了柯桥轻纺产业转型发展，形成了从纺织原料到纺织织造、印染再到家纺、服装完整的纺织产业链，具有"印染＋市场"的独特优势。轻纺城市场的发展，最显著的特点就是产业与市场的互动发展，市场面积从初期的 3500 平方米拓展到现在的 365 万平方米，年交易额从 1 亿元增长到现在的 1240 亿元；与此同时，年织造、印染布产量分别从 4 亿米增长到 61 亿米和 165 亿米，纺织产业年销售额已达 2300 亿元，纺织产业占工业经济总量的 55%，且产业层次明显提升，设备、产品不断升级换代，科研、创意呈现强劲势头，近年来先后建成 F5 创意园、科技园、中国轻纺城创意园等纺织科创园区，已有 336 家纺织创意企业、2400 多名设计师落户，年设计销售收入已超 7 亿元。

二是城市与市场同步繁荣发展。轻纺城既是轻纺产品专业市场，也是一座商贸之城。市场的蓬勃发展既对城市化提出了强烈要求，又为城市化提供了资金、劳力、人才等要素，特别是大规模集聚的人流、物流、商流、资金流等，促进了以城市经济为代表的二、三产业快速发展，使柯桥成为专业市场推进城市现代化建设、引领区域现代化发展的典型。近年来，随着中国轻纺城对外影响力、知名度的不断提升，以纺博会为龙头的会展经济快速发展、文化体育等产业快速兴起，吸引集聚了大量人口在柯桥创业定居。纺博会已连续举办 17 年，成为国内三大纺织展会之一。2000 年以来，轻纺城累计投入城市基础设施建设已近 1000 亿元，城市化率从 29% 提高到 72%，有力地推动了柯桥城市的人口集聚、建设发展。

三是国内市场与国际市场加速融合发展。轻纺城市场 30 余年的发展过程，就是不断从本地向周边、全省、全国甚至全球拓展的过程，成为中国纺织产品走向世界的重要窗口。目前，轻纺城市场的外向度超过 50%，市场内拥有出口实绩企业上千家，面料交易量占全球的近 30%；境外企业常驻代表机构及商业企业 1300 余家，境外采购商 1 万多人，常驻 5000 余人，市场销售覆盖世界 180 多个国家和地区，中国柯桥纺织指数面向全球发布并成为纺织产业发展动向的重要指标。尤其是"二次创业"、"611"工程的实施，极大地推动了轻纺城市场的公司化交易，促进了柯桥外贸出口的快速增长，2000 年全区自营出口仅 5 亿美元，2018 年已增长到 669 亿元。

四是实体交易与网上交易互为补充发展。互联网的发展，使轻纺产品的展示、设计、交易等通过网络就可以进行，网上市场成为轻纺城实体市场的重要补充。2011 年启动运行"网上轻纺城"。目前，全球纺织网和"网上轻纺城"日访问量 230 多万次，吸引近 8 万家纺织企业和经营户入驻经营，2018 年共实现在线交易额 420 亿元。目前，在中国轻纺城，已有约九成面料商不同程度应用互联网采购交易，在淘宝、天猫等平台上，柯桥的家纺、窗帘等产品销量已超过 50%。同样是 2011 年建立的"瓦栏"网上花型交易平台，集花型交易、印花加工、坯布供应于一体，已成为国内知名的纺织花型网上交易平台，集聚了国内外 2000 多名设计师在线提供设计服务，线上展示交易的花型有 20 多万种，打响了"买花型到轻纺城"的口号。

案例六 | CASE SIX

济南维尔康肉类水产批发市场创新发展

一　济南维尔康肉类水产批发市场基本情况

济南维尔康肉类水产批发市场（简称维尔康市场）总营业面积20余万平方米。市场有11座冷库，冷藏总储量27万吨，居全国同行业首位；有3座配置中央冷暖空调的交易大厅，经营面积9万多平方米；市场经营户1270家，经营从业人员2万余人。市场经销全球猪牛羊禽肉类、各种水产品、速冻食品、调理食品、农产品等几万种商品，市场商品经营辐射全国30多个省份。已成为全国最大的肉类水产冻品集散地，是全国肉类水产冻品价格指数"风向标"。2012～2018年维尔康市场主要运营指标见表1。

表1　2012～2018年维尔康市场主要运营指标

交易指标	2012年	2013年	2014年	2015年	2016年	2017年	2018年
交易量（万吨）	112	128	145	156	168	175	180
交易额（亿元）	330	355	410	445	486	495	520
营业面积（万平方米）	15	15	17	19	20	20	20

续表

交易指标	2012 年	2013 年	2014 年	2015 年	2016 年	2017 年	2018 年
摊位数（个）	550	580	720	850	850	950	950
商户数（户）	550	580	720	850	1260	1260	1270
网络经营户（户）	15	20	30	38	47	50	128
收入（万元）	7900	9000	15000	19000	21000	26000	26500
净利润（万元）	4100	4680	7650	9500	10900	13600	13900
租金收入（亿元）	1	1.1	1.3	1.5	1.8	2.3	2.32
经营户数量变化（户）	550	570	750	880	1260	1260	1267

二 济南维尔康肉类水产批发市场创新发展战略规划、思路及愿景

济南维尔康实业集团有限公司（简称维尔康集团）将逐步发展成为冻品供应链冷链物流公司，推行集供应链咨询、采购、仓储、运输、配送、贸易、电子商务、金融、通关、食品检测、货代、餐饮于一体的"物流＋资金流＋信息流"综合供应链业务模式，用供应链管理带动批发市场的快速发展。

思路：首先加强维尔康品牌产品从生产到销售的供应链管理；其次对批发市场1500多家业户提供从源头采购到最终配送客户的供应链管理；最后为全球需要供应链管理的生产加工以及服务性企业提供 SC 解决方案，并为其配套实施供应链业务。

发展愿景：其一，将维尔康市场打造为维尔康集团核心竞争力；其二，提升支撑核心竞争力的基础业务水平；其三，计划外迁扩大园区规模。外迁地址初步定在济南东北部内陆港附

近，建设 7 座交易厅、6 座低温冷库（单体容量 5 万吨）、2 座干品仓库（单体 20000 平方米）、1 座恒温冷库（20000 平方米）、综合办公楼（30000 平方米）、3 座加工间（单体 20000 平方米）、生活辅助设施（15000 平方米）、防火灾区、停车场等，项目总用地约 1000 亩，预计年交易额 800 亿元，安置 3 万余人就业，每年实现利税 7 亿元。

三　济南维尔康肉类水产批发市场创新举措

（一）思路方向调整创新

党的十九大报告提出，我国经济已由高速增长阶段转向高质量发展阶段，山东省也已经全面开展新旧动能转换重大工程。维尔康集团积极顺应山东省委、省政府新旧动能转换总体思路与要求，坚持先进的农产品市场经营管理理念，坚持供应链服务标准化、现代化，以供给侧结构性改革为主线，以新技术、新产业、新业态、新模式为核心，积极推动农产品市场做大做强，推进资源整合，促进农产品供应链上下游相衔接，为济南市乃至山东省新旧动能转换、实现供给侧改革做出了积极的贡献。

（二）发展战略创新

维尔康市场通过 SC 组织融合化、业态多样化、物流绿色化，向"一体化运作、网络化经营、平台先行"方向发展。

（三）管理模式方式创新

在创新市场经营管理模式方面，维尔康市场大力发展：（1）"互联网＋城配"服务；（2）聚优平台个性化服务；（3）产品安全追溯服务；（4）冻品新零售餐饮模式；（5）"中央厨房＋食材冷链配送"模式；（6）共同配送。

（四）新技术应用创新

创新开展个性化 SC 服务：有 Welcome My Choice 灵活地点设置服务，国际采购、通关、查验、仓储、销售一体化 SC 服务。

（五）市场服务创新

为市场业户提供供应链金融服务。有预付货款业务、代收货款业务、货运融资业务、其他保理业务。

市场业户提供全国首家农产品市场配套检验检测服务。

为保障维尔康市场销售的各类农产品的食品安全，2017 年维尔康集团投资 5000 余万元成立山东康维食品检测有限公司，并取得第三方检验检测资质 CMA 证书。这是全国农产品批发市场行业首家专为农产品市场和冷链物流配套的第三方食品检测机构，对维尔康市场上销售的农产品进行检验检测，为百姓食品安全保驾护航。

维尔康市场创新发展，加快新旧动能转换步伐。为积极响应山东省、济南市政府提出的新旧动能转换号召，实现企业自身的产业升级，满足市场 200 多家从事进口肉类水产进口商的需要，公司投资 1.2 亿元，新建由企业运营、归海关总署监管的内陆口岸——维尔康进口肉类指定监管场地（以下简称"维尔康口岸"），维尔康口岸占地面积 8000 平方米，于 2019 年 4 月通过了国家海关总署的验收，具备正式运营条件。口岸运营后每年可通关进口肉类水产冻品 2 万多个货柜，为济南市增加 100 亿元的进口贸易额和社零额，增加进口商品增值税、企业所得税等，从而带动社会就业，促进济南市外经贸影响力，快速提升农产品冷链物流产业，为持续产生经济效益和社会效益做出突出贡献。目前维尔康市场是全国肉类水产批发市场行业中唯一一家配套内陆口岸功能的市场。

四　济南维尔康肉类水产批发市场创新发展经验

（一）从企业自身实际出发，提高服务水平和服务效率

近五年来，中央及所属省、市、区一系列冷链物流产业利好政策的出台，使冻品批发市场冷链产业园区加快了发展步伐，也促使传统冻品批发市场实现了转型升级。维尔康市场开业 22 年来，持续稳步健康发展，逐步走在了全国冻品肉类水产批发市场的前列。我们的体会是：冻品批发市场冷链物流园区是孕育和培养出来的，而不是单纯依靠投资建起来的；是靠精心运作和用心管理培育出来的，而不是依靠政策投资出来的。"打铁还需自身硬"，所有的肉类水产批发市场都需要从自身所处的竞争环境和生产经营实际出发，提高市场的服务管理水平和专业

技术水平，充分利用周边资源优势，补齐自身短板，推动产业转型升级。

（二）紧跟国家政策"风向标"，密切关注冻品批发市场行业变化

国家对冷链物流业的政策扶持，培育了新的市场需求，带动了新的资本市场。近几年华东、华北以及西部地区的冷链物流投资建设又掀起新一轮热潮，这要求我们要时刻关注冻品批发市场政策变化和发展动向，认真分析区域发展形势，提高自身应变能力；要加强冷链物流设施设备信息化改造，构建全流程质量监控和追溯系统，打造专业化冷链物流基地，以在激烈的市场竞争中立于不败之地。

（三）以安全为经营主导，保障市场稳定发展

作为食品产业，无论是食品安全还是生产安全，都必将成为以后所有工作的重中之重，特别我们有冷库的涉氨企业，我们既有冷库出租，又有批发市场业务的企业，从中央到地方、从政府到社会群体，无不紧紧盯着我们的安全。国家大力发展冷链物流政策，在提升冷链物流信息化、标准化水平，实现物流服务环节全程可追溯，保障食品安全的同时，又对冷库仓储、冷链物流的建设和管理提出了更高的要求。

河北新发地农副产品物流园创新发展

一 河北新发地农副产品物流园基本情况

河北新发地农副产品物流园（简称河北新发地）是京津冀协同发展战略实施以来首个落地运营的北京疏解外迁产业，是"保障北京，服务雄安，带动河北"的重大民生工程。围绕"承接北京非首都功能疏解"，物流园采用现代化的管理理念，借鉴法国翰吉斯市场管理经验，在河北省构建"全国现代商贸物流重要基地"，以构建"大中转、大仓储、大物流"为目标，在全国范围内开展战略合作。

物流园区一期已于 2015 年 10 月 29 日建成并顺利启动，该项目总投资 54 亿元，总占地 2081 亩，总建筑面积 160 万平方米。现已签约入驻企业 6200 多家，经营品类达 330 余种，辐射范围包括北京、天津、河北、辽宁、吉林、黑龙江、内蒙古、山西、山东等 13 个省份。2018 年实现年交易量 800 万吨，交易额突破 410 亿元。同时，以市场为中心建设的集金融服务、餐饮休闲、教育培训于一体的特色街区，直接创造就业岗位 6800 个，间接带动就业岗位1.5万个，有效促进了地方经济的快速发展。

物流园二期项目成功实施后，预计可疏解外来在京人口30多万人，保障北京、服务雄安的能力将得到全面加强，具备持续15天以上农产品供应保障能力。

2019年，河北新发地食品加工产业园项目进场开工建设，项目建成后，预计年加工配送能力达180万吨，实现年销售收入120亿元，将构建"产地初加工、高碑店精加工、净菜进厨房、全程可追溯"的京津冀食品产业协同发展新模式，带动京津冀地区食品全产业链的融合发展。2015～2018年河北新发地主要运营指标见表1。

表1　2015～2018年河北新发地主要运营指标

年份	交易规模（万吨）	营业面积（万平方米）	摊位数（个）	商户（户）	网络经营户（户）	交易额（亿元）	净利润（亿元）
2015	122	59.68	4200	3100	11	108	9
2016	350	74.55	5800	4200	46	243	25
2017	600	87.70	6600	4800	158	325	34
2018	800	123.60	7100	6200	190	390	40.8

二　河北新发地农副产品物流园创新战略规划、思路及愿景

河北新发地始终将"农产品流通领域领航者"作为企业愿景。面对"高起点规划、高标准建设雄安新区"的重大历史机遇，河北新发地牢牢抓住非首都功能疏解这个"牛鼻子"，继续发挥示范引领作用，依托平台先发优势，全力启动园区二期项

目，以构建"大北京＋雄安"区域功能区块为抓手，以发展高端现代服务业为引领，全面承接北京优质产业资源疏解转移，打造"面向世界、辐射全国、服务保障京津和雄安"的现代商贸物流重要战略节点。

园区二期计划投资 329 亿元，以"科技创新、开放融合、质量标准、品牌市场"为着力点，打造"全业态、全产业链"农产品物流园区，重点建设"智能冷链物流园、北京马连道国际茶城、国际保税物流园、食品加工产业园、智慧电商产业园、全国特色农产品专销平台、农业嘉年华"等多个子项目。充分借助协同发展的契机，聚集科研、金融、人才、智库等机构，结合高碑店食品产业资源，完善"食品科技研发、食品加工、电商创客、供应链金融"等上下游产业链条，加大在"产品标准化、智慧物流、大数据及物联网、食品安全管控、品牌孵化"等领域的投资力度。积极与菜鸟、京东等电商企业展开合作，推动园区"产、学、研"一体化建设，实现由"大宗农产品集散交易"向"食品产业集群式发展"全面转型，引领农产品流通行业向智慧型和多元化转型。

在转型升级的同时，河北新发地站位国际视角，对标雄安新区，按照打造世界级城市群区域中心城市的发展方向，以保定市为先行试点，全力构建涵盖"智慧民生港、最美菜市场、邻里中心"三级民生保障服务体系，逐步构建一套完善、绿色、高效的农产品供应链生态体系，为京雄地区打造世界级城市群提供行之有效的基础保障。

园区整体正常运营后，预计可实现年交易额 1500 亿元，纳税 20 亿元以上，直接带动就业岗位 5 万个，间接带动就业岗位 10 万个，对当地产生 500 亿元的经济拉动效应，同时可有效带动河北地区精准扶贫事业，引领河北一、二、三产业深度融合，助推京津冀农产品产销对接平台不断完善，深度促进京津冀三地农产品全产业链的协同发展。

三 河北新发地农副产品物流园创新举措

（一）思路方向调整创新

1. 产业承接创新方向、思路及举措

一是功能错位，符合北京产业疏解政策。在非首都功能市场疏解过程中，农批市场疏解不是整体搬迁，而是将批发市场中过境中转、冷链仓储、生产加工的功能疏解出来。从市场功能定位上，北京市内农批市场只承担首都农产品保供的职能，而河北新发地市场除了承担首都农产品后勤保障功能外，主要服务首都以外的外埠省份的农产品中转流通。

二是完善配套，做到"恒产、恒心、创恒业"。完善市场配套建设，成为河北新发地产业承接规划的重要部分。河北新发地把握城市发展规律，预测市场经营环境，坚持"以产引人、以业聚人、以城固人"的发展理念，为商户配套了居住、教育、住宿餐饮、购物、金融等功能，解决了商户后顾之忧，为外迁商户们创造了安居乐业的经营环境。

三是拓展空间，全方位合作形成集聚效应。随着非首都功

能疏解的加速，河北新发地积极调整战略定位，由原来单一与北京新发地合作，转向全面对接北京各大批发市场。

2. 城市供应保障创新方向、思路及举措

一是整合资源，构建保障首都农产品供应的"护城河"。为了构建保障首都农产品稳定供应的"护城河"，河北新发地与各省（区、市）商务厅、农业厅直接对接，签署战略合作基地，洽谈设立"省级专销区"合作事宜，以此搭建全国特色农产品进京的"桥头堡"。在全国范围内展开省级对接，达成合作战略意向。在国际范围内，河北新发地先后与多家国际企业展开合作。

通过签署战略合作基地、搭建各省（区、市）特色农产品进京"桥头堡"、打通食品流通国际贸易通道，为首都乃至京津冀地区提供农产品货量保障和品类保障，满足终端消费者多元化消费需求。

二是食品安全管控，捍卫市民"舌尖上的安全"。河北新发地为科学实现农产品从产地到餐桌的质量保障，正在分阶段逐步健全食品安全管控体系。通过市场准入的倒逼机制，从生产环节上转变种植户发展观念，推动农产品标准化建设。

三是借鉴国外经验，打造城市民生保障体系。农批市场外迁后健全城市保障体系是一项重大的民生工程。河北新发地站位国际视角，对标雄安新区，按照打造世界级城市群区域中心城市的发展方向，正在全力构建涵盖"智慧民生港、最美菜市场、邻里中心"三级民生保障服务体系。

智慧民生港。是三级民生保障服务体系的重要支撑平台，以智慧物流产业和民生保障两大体系为重点，包括五大功能平

台、八大交易板块和十大配套设施。主要功能是服务整个城市的民生保障。

最美菜市场。是三级民生保障服务体系的核心枢纽，是一座集生活采购区、电商配送区、综合服务区、文化休闲区、协同管理区五大功能于一体的多功能市民生活保障中心。

邻里中心。是三级民生保障服务体系的基础保障，以附近住宅区居民为主要消费对象的社区级服务中心。为百姓提供"一站式"的服务。打造居民15分钟出行购物圈，满足市区2.5万人口或1公里辐射范围内配置一个便民市场的条件。

该民生体系的实施，将在整个城市构建一套完善、绿色、高效的农产品供应链生态体系，保障整个城市农产品供应，满足现代都市人群多元化消费需求，在提升城市整体形象、腾退城市发展空间、带动本市劳动就业和拉动地方经济等方面都具有极其重要的作用。

（二）发展战略创新

1. 发展战略

河北新发地持续发挥示范引领作用，以构建"大北京＋雄安"区域功能区块为抓手，以发展高端现代服务业为引领，全面承接北京优质产业资源疏解转移，全力构建"面向世界、辐射全国、服务保障京津和雄安"的重要战略物流节点，打造世界级现代服务产业集群，开启服务协同发展、服务雄安新区的新篇章。

2. 战略规划

园区二期项目计划总投资329亿元，其功能定位为"一平台、一节点、五基地"（即：北京食品产业转移和聚集的重要承接平台；服务京津冀、保障雄安的重要战略节点；国际食品产业总部基地、国际食品进出口贸易基地、电商创客孵化基地、国际食品文旅产业基地、现代农业转型升级示范基地）。按照"一轴、三核、四片区"的空间布局进行规划设计，重点打造"产业承接区、国际贸易区、中央商务区、文旅产业区"四大功能区。

"一轴"即"新发地产业新城发展轴"。

主要聚集高端食品产业和配套服务产业，配合中轴路两侧生态景观带，形成"景城共融"的现代服务产业聚集区。

"三核"即"智慧物流核心、中央商务核心、国际商贸核心"。

智慧物流核心：主要依托首都第二机场和高碑店境内"四纵两横"的交通优势，引进现代智能物流体系，为整个新城提供冷链物流服务。

中央商务核心：主要打造以食品"产、学、研"为核心的商务 CBD，为聚集的科研、金融、人才、智库等总部机构提供商务服务。

国际商贸核心：主要依托国际保税物流园，开展"线下体验、线上交易"的 O2O 商贸新模式，结合跨境电商平台，构成实体化商城与虚拟化商城之间"开放、互动、共享、链接"的智慧生态链。

"四片区"即"产业承接区、国际贸易区、中央商务区、文旅产业区"。

（三）管理模式方式创新

为保障食品安全质量，河北新发地依据国家、行业、地方等标准，制定了园区管理制度。一是制定了《食用农产品市场准入管理制度》《不合格食用农产品处置制度》，杜绝不合格食用农产品在园区内销售，确保园区食用农产品质量安全。同时制定《经营信息公示承诺管理制度》，让商户公开销售食用农产品信息，建立畅通食品安全追溯渠道。二是制定制度保护消费者的权利，如《消费者投诉举报处理制度》等，若消费者购买食用农产品质量出现异常情况可进行投诉举报及信息反馈。

（四）新技术应用创新

河北新发地积极与高新技术企业合作，搭建信息化服务平台，改变传统农批企业采用人工收费、货物称重等低效率的服务方式，帮助商户实现降本增效：搭建平台服务，提高商户运营效率。园区建立电子结算中心，专门负责电子结算系统的运营。园区目前已实现对进门费、停车费等实行电子结算收费，提高了商户缴费效率，大幅度降低车辆进场排队等待时间。在未来，通过对商户的科学引导，逐渐实现园区内所有缴费、交易采用电子结算方式。通过电子结算系统实现交易电子化，在提高园区商户交易效率的同时，免去传统交易模式额外产生的成本。同时，园区自主研发了无人值守智能电子秤，相较以往人工称重时间节省 50% 以上，无人值守地磅已全面在园区推广，为商户提供准确、快捷、公平的交易环境。

（五）市场服务创新

园区自 2015 年 10 月运营至今，已入驻商户 6200 户，且每年以 20% 的涨幅上升。河北新发地已为商户配套了居住（幸福城小区）、教育（北师大附属幼儿园和北大实验小学）、住宿餐饮（新发地国际酒店、金百万、浪味仙）、购物等功能，解决了商户落户难、子女上学难、购物难等问题。同时还通过金融创新等方式帮助商户做大做强，目前，园区已有 14 家银行入驻，中国农业银行、中国建设银行、中国工商银行等 5 家机构已经开业运营。在具体工作中，园区还成立市场管理委员会，公安、执法、检察院、国地税、市场监督管理局等部门入驻园区，为商户提供"一站式"服务，为外迁商户们创造了安居乐业的经营环境。

（六）市场内商户经营创新

河北新发地充分发挥市场的引领和带动作用，鼓励商户"走出去"，通过在全省范围内发展种植基地的方式，拉动河北省农业快速发展，帮助老百姓致富。

园区市场内蔬菜大户王景远，采取的就是"市场＋商户＋种植基地＋产地农户"的发展模式，该模式在河北省辖区内实现了大面积的推广。目前，他在高碑店有 500 亩种植基地，涿州有 1000 多亩种植基地，张家口有 1000 亩种植基地，主要用于种植生菜、黄瓜、西红柿、辣椒等各品类蔬菜，平均亩产量 3～5 吨。与此同时，他还准备在阜平、顺平等地继续开拓种植基地，扩大规模。

像这样的商户，河北新发地还有很多，比如豆角大王孙永彬，蔬菜大户张庆东、吕永等。通过该模式，农户不仅可以学习规模种植、标准种植，而且在农闲时也有了额外收入，提升了农户生活质量，带动了地方农业发展。

（七）其他创新

2017 年，河北新发地与河北农业大学、高碑店市人民政府签约共同建设了高碑店市新发地太行山农业创新驿站，通过引入国内外新人才、新技术、新成果、新装备，实现国内外创新要素的集聚，推动现代农业技术在合作基地的转化推广。新发地太行山农业创新驿站已与保定 18 个县市区的驿站实现产业协同，一方面推动 18 个县市区的特色农产品在场内有效地流通交易，另一方面通过驿站将农业现代化技术推广至更多县市产区。2018 年，保定 18 个县市区在场内的销售已达 46 万吨，是市场刚运营时期的 3 倍。科技转化推广使得 18 个县市区的农产品产量提高了 1.5 倍，同时，产品无公害率上升了 6.7 个百分点。

四 河北新发地农副产品物流园创新经验

（一）市场创新经验

1. 积极践行协同发展战略，打造京津冀保供"桥头堡"

河北新发地积极践行京津冀协同发展战略，目前，园区已成功疏解在京商户 4000 多户，间接疏解外来在京人口 2 万人。

园区通过多渠道创新发展模式，实现了"买全国、卖全国"的阶段性目标。首先，全方位承接北京农批市场的疏解外迁，同时将批发市场中过境中转、冷链仓储、生产加工的功能疏解出来，实现产业功能疏解的错位发展。2015～2018年运营期间，疏解承接了北京果蔬批发业态、干副调料和包装食品业态、北京京开五金建材批发市场以及北京各花卉批发市场等多个业态。其次，在城市保供方面，积极整合国内外资源，构建保障首都农产品供应的"护城河"，通过国际合作、签署战略基地、设立专销区等多种方式，满足了消费者多元化消费需求。创建食品安全检验检测机构，科学实现农产品从产地到餐桌的质量安全保障。另外，高效快捷的物流体系，不仅缓解了北京交通压力，也为城市农产品的稳定供应保驾护航。借鉴国外经验打造城市民生保障体系，不仅满足了现代都市人群多元化消费需求，而且构建了一套完善、绿色、高效的农产品供应链生态体系，为提升城市形象、腾退发展空间、带动经济发展做出了突出贡献。

2. 坚持创新发展理念，运营成效行业领先

河北新发地坚持创新发展理念，认为"智力资本是公司强本、创新、领先最关键的因素"，只有依靠智力资本才能把企业做强做优。就园区市场自身来说，在2010年北京新发地市场提出"内升外扩"战略后，河北新发地农副产品物流园作为最大的外埠项目开始筹划并实施。项目在规划设计阶段就采用现代化的管理理念，借鉴法国翰吉斯市场管理经验，围绕"承接北京非首都功能疏解"，在河北省构建"全国现代商贸物流重要基地"，以构建"大中转、大仓储、大物流"为目标，在全国范围内开展战略合作。园区一期项目自 2015 年 10 月启动以来，运营状况好于市场发展规律，市场占有率全国领先。另外，积极与高新技术企业合作，搭建信息化服务平台，提升园区市场现代化管理水平，为市场的高效运营提供科学依据。

（二）市场创新不足及教训

河北新发地拥有一支高学历、高素质的管理团队，在短短四年的时间，实现园区交易额逐年攀升突破 410 亿元，市场的高速发展对管理、财务、技术等方面的专业人才需求日益突出。市场运营前期，河北新发地采用在全国范围内高薪聘用人才的方式，但由于中国农批行业专业人才缺少，招聘的人才数量已不能与市场发展速度相匹配，后备人才培养计划准备不足，一定程度上制约了市场的发展。

随着京津冀协同发展的深入，借助雄安新区设立的历史机遇，河北新发地作为承接北京区域型批发市场疏解坚实平台，越来越多的北京商户选择到河北新发地发展。目前市场商户数量突破 6200 家，并以每年 20% 的涨幅不断增加，园区一期的容量已远不能满足日渐增多的商户和经营业态，园区扩容升级迫在眉睫。

（三）市场创新启示

河北新发地迎来了新的机遇和挑战，在雄安新区设立重大历史机遇面前，新发地奋勇前进，发挥自身优势，引领行业未来发展。首先，注重优秀人才的培养，壮大企业管理团队。实施全员素质工程，从管理、创新、协同等方面，全面提升员工综合素质。其次，面对"高起点规划、高标准建设雄安新区"重大历史机遇，河北新发地对园区整体承载力进行提档升级，依托平台的区位交通和先发优势，全力启动园区二期项目。园区二期采用"集约化、智能化、系统化、标准化"的运营管理理念，打造"全业态、全产业链"农产品物流园区，在高碑店形成融合"现代食品商贸物流、食品产业加工、进出口跨境贸易、生鲜电商孵化、国际专业会展、食品文化创意"六大功能于一体，以"产业升级创新"为内核的复合型食品产业创新示范新城和北方重要的一、二、三产业创新融合发展示范基地。河北新发地二期工程的战略规划将引领行业未来十年的发展方向，对农产品流通的影响意义深远。

一 湾田国际建材商贸物流园经营现状

湾田国际建材商贸物流园（简称湾田国际）总规划用地5000多亩，已累计开发近2000亩，建筑面积近200万平方米，营业面积约160万平方米，是中南地区规模最大、业态最全的建材家居专业市场，是长沙乃至湖南新型专业市场的开创者。未来5~10年将陆续开发后续3000亩地，不断完善建材家居商贸产业链，将建成中国首个智慧家居特色产业小镇。

园区已建成并运营陶瓷家居城、木业产业城、化工城、石材城、五金机电城、花卉城和仓储物流配套区，入驻商户3000家，市场月均营业额超10亿元，月货物吞吐量超10万吨，运输线路覆盖中南五省，目前已发展成为中南地区最大最全的五金机电交易市场、最大石材交易市场、最大板材批发交易市场、最大陶瓷批发新兴市场、湖南省唯一化工交易市场。园区已提供就业岗位2万个以上，湾田国际通过不断聚集人气、商气，推动望城河东片区发展成为宜业宜居的产业新城。2017~2019

年湾田国际物流园经营情况见表1。

表1　2017～2019 年湾田国际物流园经营情况

项　目	2017 年	2018 年	2019 年
线上交易额（亿元）	10	16	25
线上经营户数（户）	320	400	550
线上经营就业（人）	1280	1600	2200
实体市场成交额（亿元）	80	110	140
实体市场经营户（户）	1500	2600	3000
实体市场内就业（人）	15000	20000	25000
实体市场总资产（亿元）	100	120	130
实体市场总收入（亿元）	6.5	10.2	11.5
市场租金收入（亿元）	1.8	2.5	3.0
市场净利润（亿元）	1.5	2.2	2.9
市场纳税（亿元）	0.9	1.1	1.5

另外，2018 年园区全面推广"四上企业"，现园区已入库"四上企业"73 家（包括批零企业 63 家、服务业企业 7 家、工业企业 3 家），平均年增长率 20%。

二　湾田国际建材商贸物流园创新发展战略规划及思路

为顺应行业变革、产业转型、消费升级等市场变化，湾田国际依托现有建材家居产业资源，以"智联转型、引领行业"为使命，2018 年拉开了战略转型、二次腾飞的序幕，战略定位进行全面升级和全新诠释，由过去的"品牌建材总部、批发总源头"到目前的"中部建材家具五金品牌区域集散中心"，未来将升级到"全国首个智慧家居特色产业小镇"的新高度，清晰的战略三部曲赋予了湾田国际新的历史使命（见图1）。

图1 湾田国际建材商贸物流园发展路径

未来3~5年，湾田国际将从相对传统升级到智联未来，布局互动体验、情景消费、创新创业、智慧物流、数字仓储、生活居住等贯穿人文元素的全新业态，将建设中国首个智慧家居特色产业小镇。

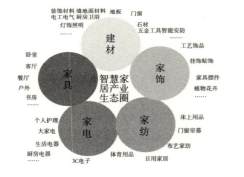

图2 湾田智慧家居特色产业小镇

湾田智慧家居特色产业小镇将从"建材家居"的实物消费发展到围绕"家"的需求，构建"1+3+N"产业体系。

"1"即建材家居产业，包括品牌旗舰总部、国际名品家居馆、进口家居馆、软装灯饰馆、全屋整装体验中心、新品发布中心等。

"3"包括智能家居产业、智慧供应链体系、智慧家居娱乐购物中心三大板块，涵盖智慧产品展览中心、智能家居研发中心、家装创意设计中心、智慧仓储中心、零担物流配送基地、湾田安装配送服务中心、建材家居新零售体验区、街区商业综合体等。

"N"包括智慧社区、会议酒店、文娱产业、湾田大数据平台、创业孵化基地、小镇辅助配套等。

三　湾田国际建材商贸物流园战略举措

(一) 转型智慧供应链服务平台

园区正从"批发市场"向"多功能综合型智慧供应链服务平台"升级，将"以产业链思维搭建供应链体系，实现价值链整合"，通过"四大举措"实现"两大功能"。具体如下：搭建"1个中心仓＋8个前置仓"的仓配一体化体系，打造对接全国、辐射中南地区的智慧物流网络，构建高品质、一体化的智慧安维服务配送体系，搭建集成订单管理、仓储管理、运输管理、客户关系管理等功能的智慧供应链信息化体系，以实现"服务湾田建材家居全产业链供应链平台"和"服务区域综合型商贸流通供应链平台"的两大功能（见图3）。

(二) 向经营生活方式提升

将建设"品牌建材家居体验中心"，包括"品牌总部旗舰店、进口家居馆、软装灯饰馆、全屋定制体验中心、全屋整装体验中心、国际名品家居馆、进口石材体验中心"等，顺应

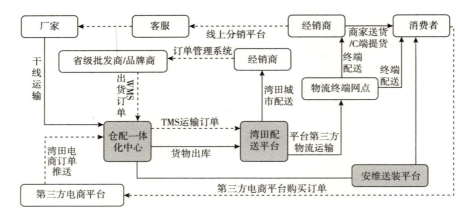

图3　多功能综合型智慧供应链

"从产品到服务，从大众到个性"的消费趋势，紧跟新零售步伐，加强体验互动元素，增加 App 导购、电商平台等新消费模式，形成线上线下融合发展。实现从"陈列"到"体验"，从"提供建筑材料产品"到"提供家庭生活方式"的战略升级。

（三）创建创新孵化新型企业基地

将建设"中部首个智能家居总部基地"（见图4）。随着大数据、人工智能等技术发展，国内智能家居将迎来爆发式增长，预计 2022 年市场规模将达 1 万亿元。家居智能化是未来建材家居行业的发展趋势，湾田国际将乘势而上建设中部首个智能家居总部基地，形成智能家电、智能安防、全屋智能、智能建筑材料等品牌企业的总部、研发、产品体验展示基地，打造产业、资本和人才集聚区，形成以研发、设计、文创为主的创新高地，成为孵化创新型企业的热土。

进口石材体验中心

国际名品家居馆

软装灯饰馆

进口家居馆

规划体验中心

建材家居品牌总部旗舰店

规划扩"容"业态

照明灯具
- 灯具市场规模大，空间大
- 品牌厂家通过专业工程渠道不断提升市场占有率
- 中高端的灯饰产品必须通过实体店才能给各客户带来直观感受，同时灯饰产品的配送、安装和售后服务非常重要

家居饰品
- 家居饰品消费规模呈现高速增长
- 家饰产品向实用化、时尚化、个性化、环保化、艺术创意等方向发展
- 消费群呈现年轻化发展，一、二线城市家居饰品发展较好

家纺
- 家纺行业呈现增长趋势，已形成一定品牌集群
- 家纺企业向家居服务商转型，线上线下结合更加密切，着于体验式场景发展

家具
- 家具整体销量额呈上涨趋势
- 在定制家具发展趋势下，企业线下渠道进入快速扩张阶段
- 儿童家具市场潜力不断激发，已形成一定的品牌规模
- 进口家具快速成长，进口家具卖场加快布局线下渠道

家居用品
- 家居用品市场空间巨大
- 快时尚、创意、智能化的家居用品成为发展趋势
- 未来家居用品将更加注重线下体验式场景的构建

图 4　中部首个智能家居总部基地

（四）打造专业管理团队，推进管理创新

湾田国际建材商贸物流园经营情况。湾田国际高管队伍稳定，平均年龄 35 岁，均毕业于海内外知名高校，且具备国内龙头企业如阿里巴巴、京东、居然之家、红星美凯龙、新邦物流丰富的从业经历，行业管理经验丰富。

湾田国际管理人员合计 322 名，其中本科以上学历 151 名、硕士以上学历 37 名，平均年龄 32 岁。团队拥有战略研究、地产开发、市场运营、物业管理、物流仓储、电子商务等多领域复合型知识和实操体系，并不断引进全国 985、211 重点高校大学毕业生，重点培养，为湾田国际长足发展储备人才。

秉承湾田集团"同道同行，同行同享"的人才理念，全面对标行业头部企业，推崇"多层级事业合伙人"体系，建立多层级、立体式的固定激励 + 专项激励机制。

"引进一批、培养一批、淘汰一批"，打造一批"专业化、职业化"的人才队伍。

以开放的心态、开拓的精神、开创的信念从事经营管理，打造一支专业素质高、有对企业强烈归属感和认同感的职业经理人团队。坚持公平、公正、公开原则，打造简单的企业氛围，锐意进取，敢于担当，让更多优秀的员工能够得到更多的成长和更好的回报。

（五）深耕运营，领跑专业市场

园区创立之初，即摒弃行业普遍的地产开发"重销售、轻运营"思维,一直以来遵循"专业市场,运营制胜"的商业理念,统一专业运营,创新经营模式,打造行业资深团队,自持大部分物业,坚持长期持续投入,做赋能型运营商,不断探索创新专业市场运营理念,与商户实现合作共赢,构建市场的长效竞争力。

围绕商户经营,组织"百城千镇""中国绿色建博会""展销会""工程渠道联盟""B端联盟"等B、C端线下活动上百场,沉淀市县乡经销商2.1万家,定点常驻小区130多个,累计跑小区5000多次,促销成交额超过8亿元。

围绕"80后""90后"消费习惯升级,打造"好货平台""湾田云商城""颜究家"等线上交易平台,加强体验互动元素,增加App导购、电商平台等新消费模式,形成线上线下融合发展。

牵引商户积极参与市场管理,与市场共荣发展,先后成立"园区业态商会""栋长管理团""业态党支部""业态工会""业态妇联"等蜂巢组织。

围绕商户生活、经营的便捷,搭建"湾田党群服务中心""湾田双创中心""湾田文娱中心",从生意到生活,全方位赋能服务商户。

重点关注园区青年商户发展,成立"湾田青商会",带领年轻商户走访北京、上海、广州、东南亚,对标优秀企业,孵化成长。

（六）党建助力园区商户运营和发展

湾田国际打造了"党委 + 工青妇 + N 个支部 + 雷锋小屋"

的多维一体的党群工作体系，通过党建助力园区商户运营和发展，以服务作为党建着力点，不断创新党建理念、模式和手段，实现园区组织和服务的全覆盖。

湾田商贸物流园党群服务中心2018年7月正式投入使用，中心已累计接待政府观摩、社会各界组织交流学习超过80批次，接待上千人次，共建项目12个，承办了1次楼宇商圈市场党建工作现场推介会，有效提升了湾田及湾田党建品牌的社会影响力。

湾田商贸物流园党群服务中心已形成"三动四共"的运行机制。

"三动四共"具体如下。

区域协动：建立区、街道、园区三级党建工作指导会，通过每个季度区域化党建联席会议，重点解决党委、商户、群众的需求和问题。

横向联动：通过支部、雷锋小屋、各业态事业部以及线上平台摸底商户的实际需求，形成需求清单；以组织部门为牵引对接政府部门及其他社会资源，形成资源清单；通过党建力量让需求与资源精准对接，形成项目清单；以"湾田幸福家"项目认领的形式进行双向认领，实现精准服务。

上下互动：通过园区党委、支部、雷锋小屋为载体与园区商会、党员、经营户、群众进行信息互通、层层互动和交互协作，有效保持了党建的活力和生命力。

"四共"，通过党建力量，统一各方资源和力量，协助湾田国际共同建设和治理园区，让商户、群众共享政府服务和资源红利，共建、共治、共享、共创，构筑美好生活。

案例九 | CASE NINE

成都国际商贸城创新发展

一 成都国际商贸城基本情况

成都国际商贸城总投资145亿元，占地面积2090亩，规划面积500万平方米，截至目前，已完成投资近100亿元，已建成并运营面积260万平方米，形成服装服饰、皮具箱包、日用消费品、家具建材、五金机电、电子电器、农产品、中药材等专业市场，涵盖48个行业，1900多个种类，43万多个商品品种，市场入驻经营主体3.8万户，直接从业人员超10万人，日车流6万~8万辆，日人流8万~10万人次，年交易额达600亿元左右。成都国际商贸城采用自持物业"只租不售"的经营模式，是集产品设计研发、展示、洽谈、电子商务、国际国内贸易和供应链管理于一体的，中、西部最大、辐射力最强、信息化水平最高的现代商贸商务服务平台。

2017年市场交易额647亿元，市场经营户36162家，市场内就业人数88000人，市场总资产246亿元，市场总收入11亿元，上缴税收1.24亿元，市场净利润3.22亿元。受电子商务冲击影响，2018 年市场交易额 642 亿元，比 2017 年减少 5 亿元，同比下降 0.8%，市场经营户 37750 家，市场内就业人数 96000 人，市场总资产 250 亿元，市场总收入 9.2 亿元，比 2017 年减少 1.8 亿元，同比下降 16.4%，上缴税收 1.14 亿元，比 2017 年减少 0.1 亿元，同比下降 8.1%，市场净利润 2.18 亿元，减少 1.04 亿元，同比下降 31.1%。

二　成都国际商贸城创新发展战略规划、思路及愿景

近年来，按照政府工作报告和四川省人民政府、成都市人民政府的决策部署，成都国际商贸城着力推进市场转型升级，通过做优中药材市场、做强建材市场、做全日用品市场，推广"网红直播"等社交电商营销新途径，重点打造四川品牌馆、四川名优商品馆、川味文化馆、中国白酒出口集散中心，将成都国际商贸城现有平台优势和市场采购贸易出口方式结合，汇聚成都造、四川造的企业和产品，打造内外贸一体化的超千亿级市场。根据商品市场的特点、现实条件和市场定位、发展目标等，主要创新举措如下。

（一）构建"市场采购贸易方式试点"新型外贸模式，发挥内外贸结合市场优势

作为西部地区唯一的市场采购贸易方式试点市场，成都国际商贸城将以此为契机加快市场升级、产业转型和区域协调发

展，引领四川省产品和产业融入全球国际市场。建立面向欧洲和东南亚的国内产品输出中转地、国外产品采购地，打造具有国际知名度和美誉度的国际贸易中心。

一是加快市场升级。统筹利用国内和国际两个市场，打造国际馆区，做大做强"成都日用消费品博览会""四川国际电商博览会""南亚商品交易会"等特色展会平台，大力发展进口、转口贸易。积极创办南亚、东南亚等境外经贸合作区，在全球范围复制和输出专业市场管理模式、运营模式和营销服务模式，逐步完善四川商品海外营销渠道，拓宽中小企业开拓国际市场的途径，加快"走出去"步伐。

二是推动产业转型。依托成都国际商贸城集聚平台，促进出口产品结构优化，加快建设商贸服务业集聚区，设立产业示范园区、商品研发中心、中小企业技术服务平台，推动四川制造业技术创新，培育和集聚商品制造领军企业。争取设立保税区，发展进口贸易、转口贸易、出口加工、国际采购、配送等业务，促进市场与商品转型升级。同时，积极构建品牌和质量提升机制，大力推进品牌战略，深入推进标准化战略，加强商品质量监管，探索建立商品溯源、质量和标准体系。

三是促进区域协调发展。着力构筑互补的区域协作体系，充分发挥成都国际商贸城集聚、辐射、带动作用，加强与中、西部地区各城市在市场、资源、资本、技术、劳动力等方面互补合作；深化东、中、西部地区在产业技术交流、劳动力转移、商品信息共享等领域合作，打造区域合作示范基地，积极拓展合作分工的产业链，促进共同发展。

（二）开展国际贸易合作，打造国际商品馆

因地理位置以及经济发展优势，成都已然成为"南向开放"的靓丽名片。国家"一带一路"建设的深入推进，促进了南亚各国与成都的经贸合作交流，加快成都本土企业与南亚各国经贸合作，已成为"南向开放"发展的重中之重。依托"一带一路"蓉欧国际贸易通道，顺应国际商品贸易需求，成都国际商贸城发挥平台优势、区位优势，成功举办了三届南亚商品交易会，对成都企业与南亚国家企业之间合作交流起到了至关重要的作用；已建成西班牙进口商品馆，规划设立南亚商品馆、平行进口汽车馆、斯里兰卡国家馆、欧洲进口商品馆，全面发挥区域商贸聚合力，打造集国内外商品制造、加工、贸易于一体的国际商贸产业链，形成辐射南亚、东南亚、中亚等国家和地区的内外贸一体化国际商贸聚集区，带动区域经济繁荣发展，充分激发成都未来发展的潜力。

（三）打通生产供应链，服务终端商品采购

充分发挥成都国际商贸城网络信息平台对市场营销、渠道开发、品牌推广的积极作用，打造集上游生产制造商、中间分销商（商家）、下游零售商及终端消费者于一体的产品供应链，积极推动商家盈利模式和商贸城发展转型升级。上游通过交易渠道和平台，充分对接产地、工厂，形成闭环产业链、基地＋平台供应链、工厂＋直销平台模式。下游依托市场交易平台、商家、商品，建立全套商品采购体系，扩大成都商品交易市场

对西部、全国乃至东南亚的辐射力。

2017 年 10 月 1 日，作为成都国际商贸城首个"工厂直销"试点项目，10 万平方米中国品牌服装工厂直销城盛大开业。在产品上，坚持以爱国情怀为起点，以弘扬国货为使命，以做极致国货为目标，砍掉中间环节，让厂家直面消费者，坚持走产品性价比之路。在配套服务上，大力引进餐饮服务、娱乐服务、商务服务、金融服务等业态，营造轻松休闲的商贸氛围，形成"一站式"、多元化购物休闲商务平台，开创全新购物服务体验。成都国际商贸城全面推进供应链模式，特别是在中药材产业发展方面，与中民投、国药集团、百胜药业合作开展供应链管理、供应链金融服务，预计 3~5 年，力争培育形成 3~5 家大健康产业上市企业。

（四）融入天府绿道，打造特色商贸小镇

为践行绿色发展，提升城市宜居品质，集聚人气、汇聚商机、发展新经济，助推经济转型升级，成都国际商贸城将成都市天府绿道规划设计与成都国际商贸城"商贸商务集聚区"紧密融合，打造融体验购物、休闲娱乐、时尚现代于一体的成都特色产业商贸小镇。由传统单一开发模式，向开放式、体验式、复合化、共享化商贸综合模式发展。以文化为纽带，以产业为核心驱动力，打造"商贸＋旅游＋生活＋体验"多元融合的活力小镇。结合中药材专业市场特色，以中药材市场为核心，打造集中药博物馆、中医名医馆及药膳养生馆于一体的中医药博物馆区，展现中医药文化，整合中医药资源，建设中药材生态链和供应链，促进四川中医药产业实现跨越式发展。

三　成都国际商贸城创新思路方向

打造"网红直播间"。2020年，成都国际商贸城二区直播中心的规模将扩大至现有的3倍，并且力图将市场内其他区块的业态集聚在直播中心，为二区市场、为整个成都国际商贸城打造出更多爆款产品，增强市场的整体影响力。此外，成都国际商贸城二区还计划打造网红培训基地及"网红直播"专属街区，最大化助力川内品牌商家对外经济交流，持续扩大销售渠道。下一步，成都国际商贸城将完善市场周边配套，提升市场辐射能力；建设国际商品，引进国外特色产品，同时让更多的优质产品"走出去"；强化招商能力，重点瞄准南亚、东南亚市场需求，不断加快培育贸易竞争新优势，把成都国际商贸城打造成内外贸一体化的国际商品集散中心。

成都国际商贸城项目处于国内专业市场领先水平，是成都市内各专业市场的典范。随着项目的发展，它必然为成都创造一个具有超强集聚力、规模和辐射力的市场平台，全面整合成都市场，形成有强大竞争力的商贸产业集群，真正做大做强成都的商贸物流业。

四　成都国际商贸城发展战略创新

（一）充分利用新型贸易方式，积极培育贸易新业态

随着市场经营商品种类日益丰富、细分品种持续增多，国

内外采购商市场交易采购呈现"多品种、多批次、小批量"发展趋势，出口通关环节也通常存在多个采购商，多种商品以拼箱组柜方式报关。这种交易模式与传统大批量、单品种的一般贸易监管模式很不匹配。为更好地发展市场采购贸易，需要确立一种区别于一般贸易、加工贸易的新型贸易方式，市场采购贸易方式应运而生。"市场采购贸易方式"，指的是在经商务主管等部门认定的市场集聚区采购的、单票报关单商品货值15万美元（含15万美元）以下，并在采购地办理出口商品通关手续的贸易方式。市场采购贸易方式具有实施增值税免税、实现通关便利、创新汇兑制度、提升监管能力、准入门槛更低五项政策优势。凡在试点市场所在地商务部门通过备案的各类经营主体，均可参与市场采购贸易试点。以创新汇兑制度为例，未来将允许市场采购贸易方式采用人民币结算，根据外汇局出台的"个人贸易结汇政策"，凭供货商与代理出口公司协议，商户即可到银行进行结汇，对市场采购贸易外汇收支实施主体监管、总量核查和动态监测。市场采购贸易方式试点为企业简化了通关流程，实现了贸易便利化，以往通关流程可能要花一天时间，现在通过线上报关，只需不到三分钟时间，线下交单也只需几分钟。

2018年9月，在深入总结义乌等市场采购贸易方式试点工作的基础上，商务部等七部委联合发文《关于加快推进市场采购贸易方式试点工作的函》，决定将市场采购贸易方式试点扩大到温州、泉州、成都等地区，这也是继浙江义乌等之后的全国第四批试点，成都是西部地区唯一获批此项试点的城市，成都国际商贸城成为全国第四批市场采购贸易方式试点市场。2019年1月，为积极推进成都国际商贸城市场采购贸易方式试点工作，四川省人民政府办公厅印发了《成都国际商贸城市场采购贸易方式试点工作实施方案》。2019年3月28日，成都国际商贸城市场采购贸易方式试点正式进入实施阶段，首单市场采购贸易方式试点成功启动，首票市场采购贸易方式（海关代码：1039）在成都海关所属的青白江海关实现通关，该批货物价值14.8万美元，主要商品为男士棉服、女士休闲套装等，该批货物搭乘中欧班列（成都）出口至波兰。目前，成都国际商贸城正抢抓国家级"市场采购贸易方式试点"机遇，积极推进成都国际商贸城与双流国际航空港、青白江国际铁路港联动发展，着力打造"买全球卖全球""买全川卖全球"和"买全球卖全川"线上线下互动的商业贸易中心，推动市场功能由服务城市的"内贸"向服务全国全球的"内外贸一体化"转变。

（二）全力打造"微型自贸区"

随着经济社会发展、产业转型升级，传统贸易方式亟须改变，采购贸易方式试点就是一个便捷、微型的"自贸区"。作为"南方丝绸之路"的起点，成都商业底蕴深厚、对外贸易历史悠久，是国家推进"一带一路"向西、向南开放的通道。成都国际商贸城所在的金牛区，是传统商贸大区。为提升采购贸易方式试点对区域经济的带动力和影响力，金牛区瞄准长三角、珠三角等沿海出口贸易发达城市，招引优质贸易公司、服务公司入驻，补齐补强对外贸易产业链。同时，从南亚、东南亚等国际消费城市引入"一带一路"共建国家和地区的实力采购商，形成相对固定采购团队。

成都国际商贸城拥有良好的商业环境和成熟的商业氛围，为迎接此项试点，已经提前对市场商家进行宣传和培训，了解操作流程。成为试点市场后，成都国际商贸城专门组织商家参加各类推介会，为各类供货商和采购商搭建平台，让成都市民在家门口就能购买全球商品。目前，成都国际商贸城设有西班牙进口商品馆、意大利进口商品馆等。

（三）利用"供应链 + 大数据"，联合阿里巴巴 1688 盯紧产业带升级风口

2019 年 3 月 24 日，成都国际商贸城联合阿里巴巴 1688 平台在蓉共同举办超级产地联合巡演活动，该活动以打造"商品力"为核心，通过促进买家转化，带动商家成长，是一场"好货集结、超级产地"的商品盛宴。"1688 商人节"是由阿里巴巴集团旗下 B2B 内贸平台 1688 发起的服务全国中小企业的节日。从 2017 年推出至今，"1688 商人节"让传统线下生意通过数据赋能发生变化，为各地市场内的批发商、采购商提供更具网络特色的互动玩法。同时，随着"无限接近源头厂货：核心产地精耕，产地供应链探索"成为 2019 年 1688 三大战略之一，成都国际商贸城通过着重整合线上流量资源，吸引更多网络采购商关注产地源头好货。

1. 深耕核心产地供应链盯紧产业带升级

为了打响原产地产品知名度，2018 年 1688 以每月 100 多场

次到原产地巡演的力度，在平台上形成了 1000 多个特色产地卡片，和原本只是在平台上上架单一产品的形式不同，1688 通过大数据的处理方式，使买家对源头厂货有了更多的认知。从买家价值来看，提供全品类、"一站式"、源头厂货的采购服务，以"三新"体系暨新供给、新连接、新营销结合金融提效来提升买家采购体验。与此同时，也让卖家在平台更多地洞察市场、以数字化经营实现快速分销。"在这一过程中，平台会和产地、政府等生态资源一起共建产地名片，打造产地 IP。"1688 的 100 多个本地生态合作伙伴，会联动线下 100 多个源头产地和批发市场发起"328 商人节"线下分会场，"聚集产地好的有实力的供应商，供给买家更丰富的源头好货"。

2. 市场采购贸易方式助推源头厂货上行

成都国际商贸城被阿里巴巴批发网定位于网上采购批发大市场，从而帮助工厂、品牌商、一级批发商引进大量的买家，包括十万级的淘宝网店掌柜、百万级的线下城市实体店主、千万级的现有批发市场买家，提供一系列交易工具，打造全球最大的批发大市场。成都国际商贸城二区服装服饰城丰富的品类与资源，深度与广度并重，价格与品质兼行，加之庞大的供应链体系，多次被列为核心市场参与本次 1688 平台"328 商人节"线下分会场，通过线上线下联动为市场内商家赋能，让商家插上"互联网 +"的翅膀，以创造"商品力"为核心目标。成都国际商贸城二区服装服饰城，同时还是国内千亿级的服装服饰批发城，在传统商贸运营的基础上，按照购物中心打造模式以展示直销 + 渠道代理的批发兼零售运营空间，目前拥有缤购男装、缤购女装、缤购针织，集聚了大量工厂直营店，是全国重要的一线货源地。

3. 电商直播，共享产品供应链和商家资源

电商直播作为一种互动型的交易方式，可以让消费者更加直接和有效了解产品属性和用途，也能够快速解答甚至解决消费者的疑问和需求，被越来越多消费者接受和喜爱。传统的服装行业在预测下一季流行趋势时，就是"夏天准备冬装，冬天准备夏装"，生产时间会提前半年。但是，电商直播来了，缩短了供应链的反应时间。"从选款，到直播销售，再到供货，服装的生产周期不断缩短。"网红的服装供应链，可以把服装生产周期缩短到 15~20 天。为此，阿里巴巴 1688 精心打造了 5 个直播间，活动期间免费为商家提供电商直播服务。同时，阿里巴巴 1688 平台也带来了黑科技"智能魔力拍"，帮助更多厂家数据化上款厂货，在工业市场将店铺小程序二维码下沉，以期更深入地帮助厂货数据化上行。助力产地市场、优质产地的数字化转型，为原产地厂家获取更多的生意机会。

（四）新技术应用创新（市场电子化、网络化、智能化、智慧化等）

成都国际商贸城组建了几十人的专业电子商务团队，打造了一个"电子商务城"——成都国际商贸城电子商务平台（简称"成商网" www. ysccc. com），它是由成都国际商贸城自主研发的基于商贸城实体市场的唯一官方全程化电子商务平台，它为商城内的每一个商家均开通了免费的一对一空中网络商铺，

帮助商家随时更新产品交易信息，是一个集信息发布、产品展示、电子交易、在线物流等环节于一体的专业电子商务平台。成商网已于 2009 年 8 月 12 日与成都国际商贸城荷花池中药材专业市场试营业开张同步上线，2010 年，成都国际商贸城荷花池中药材专业市场内 1800 余户商家均已入驻成商网网上商铺，电子商务入驻率高达 100%。同时，1800 余户商家近万种中药材产品图文信息也已全部上网，商家通过电子商务应用来宣传推广产品、寻找国内外买家，进行供求洽谈和资讯交流，大大推动了新型电子商务交易方式在传统中药材市场的普及与应用。

目前，成商网已全新升级为一个集产品展示、信息发布、供需交流、服务咨询、新闻资讯、视频语音、全景技术、即时通信、订单处理、在线支付、在线物流、SNS 等功能于一体的大型综合 B2B 商业门户网站。世界各地的采购商通过成商网可以与成都国际商贸城市场内的每一个商家进行即时语音沟通，交流供求和产品信息，可以通过电脑或者手机在线视频实时查看商家的商铺与产品情况，实现可视化电子商务功能。同时，还可以进行在线订单与在线支付。同时，成商网以其独有的优势和亮点以及先进技术，最大范围地帮助广大商家开拓网络营销经营视野，拓宽网上营销渠道，而且向全国乃至全世界展示成都国际商贸城的风采，在市场内商家和世界之间架起了一座无障碍的世界商贸桥梁。

除了商品展示和销售，成都国际商贸城市场采购联网信息平台也已建设完成，平台具有备案、审核、交易、报关、监管、溯源等功能，还率先开通手机终端，并植入中药材价格指数发布等特色功能，为市场采购贸易出口提供全方位一体化的支持。此外，成都国际商贸城还建成运营了天府购智慧平台，包括天府商城、天府货库、天府云仓、天府黄页、天府电商学院、移动 App 等，具备全链条服务功能。

（五）市场服务创新（仓储、物流、配送、金融服务一体化等）

成都国际商贸城拥有完备的公共配套设施，如加气站、加油站、消防站、公交客运站、政务中心等公共服务设施。

物流方面，成都国际商贸城市场内既有顺丰、"三通一达"、京东等小件快送，也有德邦、安能、中铁等大件物流，并设有专门的仓储流转中心。成都国际商贸城货运大道与项目一号路相连，直达占地6600亩的新都物流中心（仅2.5公里），传化集团、中国物流等已入驻。作为配套，成都国际商贸城东北方向的新都物流中心也将打造成集信息网络、商业配送、展示交易、货物仓储、货运站场于一体的现代化物流中心。政府在青白江已规划有亚洲最大的铁路集装箱物流中心；距离中药材专业市场50米、紧邻小商品的区域将建成占地约70亩、总建筑面积约10000平方米的临时物流仓储基地，充分满足市场内短波物流仓储的需求。

金融服务方面，成都国际商贸城还设有专门的信用担保机构，为经营户和企业办理一般性流动资金贷款，可以采用互保、联保、贷款保险等方式进行担保，搭建融资平台，保障经营户的合法利益。在生活方面，成都国际商贸城入驻商家均可按政策在区域内办理养老、医疗、失业等保险。

下一步，成都国际商贸城将进一步创优环境，完善功能配套，营造良好的国际营商环境，吸引更多的国内外客商开展贸易活动，把成都国际商贸城打造成为内外贸一体化的国际商品集散中心。

五　成都国际商贸城创新经验

（一）民营企业跟党走，党建引领促发展

成都国际商贸城设有专门的党群服务中心和电子商务公司党支部党群服务站，适时组织党员职工进行相关学习和培训，进而推动市场发展、兴市旺市。为庆祝中国共产党成立 98 周年，贯彻落实习近平总书记在"不忘初心、牢记使命"主题教育工作会议上的重要讲话精神，根据上级党组织相关部署要求，2019 年 6 月 28 日下午，成都国际商贸城召开"七一"表彰暨"不忘初心、牢记使命"主题教育动员大会，党委成员、支委成员、党员（员工、商家）、新发展党员、入党积极分子等 120 余人参会。会议还对上半年工作进行了简要回顾总结，重点对开展"不忘初心、牢记使命"主题教育进行部署和强调，明确开展主题教育是成都国际商贸城在提档升级过程中凝聚人心、解决问题、党建引领、促进发展的一项重要举措；号召党员员工：一是要提高政治站位，认清此次主题教育的重大意义和作用，确保教育高点起步，强势推进，落到实处，取得实效。二是要

强化主体责任。要求党支部书记要切实履行职责责任，党委班子成员及党支部书记亲自带头落实，模范践行，督促抓好落实，带好班子，管好党员。三是要聚焦破解问题。要对照主题教育方案中列出的两个层面 13 个主要问题，积极主动解决，做到边学边查、边查边改、边清边改，以解决问题实效来彰显主题教育实效。四是要创新方法增效。主题教育要坚持网上网下融合抓，运用"学习强国"App，"成都两新党建""金牛 e 先锋"等微信公众号平台开展学习教育；运用身边人身边事抓教育，用榜样力量传递正能量。五是要注重实效转成果。主题教育要与成都国际商贸城重点工作相融合、出实效，借乘主题教育的强劲东风，推进各项重点工作，敢于把问题找准找实找深，深挖根源，对症下药，扎扎实实推动主题教育往心里走、往实里走，切实将主题教育成果转化为推动市场发展、兴市旺市的强劲动力。

成都国际商贸城高举习近平新时代中国特色社会主义思想伟大旗帜，扎实开展主题教育，按照所属省、市、区产业发展规划要求，拼搏进取，奋力开拓，稳步推进国家级市场采购贸易方式试点工作，党建引领，以"兴市旺市"为目标，全力将成都国际商贸城打造为国际贸易、商品采购、展示体验、旅游购物、电子商务、现代物流、新品发布、产学研发、药材指数发布、供应链管理"十位一体"的现代商贸商务服务平台。

（二）开拓"直播＋电商＋零售＋批发"的营销新模式

近年来，随着传统线上电商增长放缓，流量红利殆尽，成都国际商贸城的商户们开始通过直播卖货引领社交电商。成都国际商贸城二区直播中心主营服装服饰、箱包鞋类等产品。市场经营户开拓内销市场的需求十分迫切，不少商户开始尝试借助网红直播渠道转型，借力这一热销方式打开内销市场。目前，成都国际商贸城二区直播中心已初具雏形，完成了8个"网红直播间"示范样板街的打造，拥有7位常驻主播和30余位串场主播，中心以淘宝直播平台为主，以快手、抖音等为辅，在市场内起到了良好的示范带头作用，而这一切得益于阿里巴巴电商商家将网红直播模式带到成都国际商贸城。成都国际商贸城与阿里巴巴强强联手，深度合作，发挥各自资源和平台优势，博得属于自己的江湖地位。成都国际商贸城直播中心的设立是服务于成都市场、助力市场提档升级的有益尝试，并由此开拓出了一条"直播＋电商＋零售＋批发"为主题的营销新模式。

新时代、新模式、新市场，一场"互联网＋新零售空间"的全新的线上线下创新性超级产地峰会，通过电商平台向全国、全球展示成都国际商贸城产业的繁荣，同时通过"互联网＋"，进一步推动成都国际商贸城"国际级消费天堂"休闲之都创新发展。

（三）推进校企合作，促进科技成果转化

成都国际商贸城坚持把推进校企合作、打造产学研基地和推进科技成果转化作为企业生存发展的核心动力，通过与四川省高校进行充分的交流沟通，创建了以市场为导向、以企业为主体、以高校为平台、以科研人员为核心的"产、学、研、金"等相互交融、广泛合作的新体制，为高校服务地方经济社会发展提供平台。成都国际商贸城充分利用自身的国际化商贸平台、现代化商务设施，全力配合四川省"创业四川行动"，携手四川高校打造"孵化＋创投"、"互联网＋"、创新工厂等新型孵化器和创意评估、创意交易等综合服务平台，通过打造校企双创合作基地，搭建双创服务平台，帮助科研人员与市场对接。同时，将成果转化的数量及效益纳入双创基地评估的核心指标，转变单一学术评价的现状，加大成果转化在科技评价体系中的权重，形成"知识创新评价、自主创新评价、成果转化评价、产业贡献评价、经济推动评价、社会服务评价"并举的新机制、新平台。

目前，成都国际商贸城与四川大学、四川广播电视大学、西南交通大学、西南财经大学等川内外上百所大专院校建立了校企合作，是"全国大学生电子商务产教融合项目示范基地""全国大学生产教学基地"。

六　成都国际商贸城创新的不足及启示

（一）成都国际商贸城创新主要问题

成都国际商贸城发展中存在的主要问题：一是产业体系不完善，本地制造产品的比重有待进一步提高，缺乏具有国际竞争力的产业、企业，导致区域资源的集聚能力远没有达到世界水平。二是行业发展不平衡，布局不尽合理。成都国际商贸城市场总体发展水平不高，大多商品质量档次、技术含量不高，商品包装、商家装潢有待进一步提高和改进。不同行业间发展不平衡，传统商品处于滞销状态，享受型消费性商品发展态势较好，这样的供求矛盾加剧了行业间不平衡发展的程度。三是城市的产业服务水平已经显著提高，但是与现代高新技术产业发展的内在需要相比，还很不相适应，消费性服务、中介性服务、专业服务等急需提高，城市独具特色的区域文化、品牌效应还没有形成。四是区域内的政府、企业、高校、研究机构、消费者的协同创新机制还很不完善，相关政府主管部门对成都国际商贸城的重视程度以及对贸易政策认知水平有待进一步提高，政府支持力度有待进一步增强。五是部分经营户的思想和交易方式落后。随着经济社会和现代科技的发展，交易方式也不断变化，B2B、B2C等交易模式成为企业密不可分的一部分，然而在成都国际商贸城，部分经营户因文化素质不高，个体商户的管理者基本为亲戚朋友，没有引进专业人才，交易方式原始，途径也比较单一，还未有效适应交易方式的变化。

（二）成都国际商贸城主要启示

启示一：加快推动经销商转型，使之成为制造商，打造商品名牌。

启示二：政府需要进一步优化营商环境，吸引国内外知名企业和品牌商家入驻市场。政府要以市场采购贸易方式试点为契机，大力提升成都区域国际合作能力，重点利用南亚、东南亚市场，加强与"一带一路"共建国家和地区的贸易往来，不断拓展泛欧、泛亚国际市场，着力加快法治化、国际化、便利化营商环境建设，创新开展境外商贸推介活动，全面增强区域国际贸易功能，提升对外开放水平。

启示三：打造电子商务平台与进口商品交易平台，实现电子商务与传统商品交易"两翼齐飞"。

启示四：规范市场建设，提升经营户素质。

无锡金桥国际食品城创新发展

商品交易市场转型升级、创新发展势在必行。无锡金桥国际食品城（简称金桥国际食品城）在转型升级中采取就地升级、就地转型，探索了一条自我转型升级创新发展的路径。实现线上线下、实体市场、虚拟市场、实体门店与网店的无缝对接，融合电商建设网上跨境市场，重点培育内外贸结合市场，成为副食品行业区域价格指数的重点市场，是江苏省乃至全国市场创新发展典范。

一　无锡金桥国际食品城基本情况

位于太湖明珠、鱼米之乡的无锡金桥国际食品城于2005年7月18日正式开业。市场坐落于锡北腹地，新老国道中间段，周边有京沪、沪宁、沪宜高速，城市内有快速内环和地铁1号线，交通便捷。市场创办15年来，已发展成为华东地区规模最大、品种最多、品牌最多、辐射最广的副食品专业批发市场。场地使用面积超过11万平方米，室内经营面积7万平方米，共有摊位 1000 多个，商户公司 600 多家。其中拥有封闭式管理的超大停车场 30000 平方米，仓库 80000 平方米，5000 吨大型冷库 2 个。来自世界 70 多个国家（地区）、全国数 10 个省市的各路客商云集市场，各类名、特、优副食品，八大类参茸保健品和糖、烟、酒、南北货、调味品、饮料等十五大类的副食品、日用百货同时汇聚其中，共上万种商品。

二 副食品行业的特点和市场现状

中国休闲食品行业近几年的产能有所提升，销售利润和利润总额均有所增长。国家统计局发布的数据显示，2017～2018 年休闲食品行业规模以上企业数量有 4927 家，实现销售收入 8187.83 亿元，同比增长 18.29%，实现产品销售利润 1048.93 亿元，同比增长 9.53%，实现利润总额为 676.99 亿元，同比增长 15.51%。

随着长三角地区经济的快速发展和市民消费水平的提高，消费者对于休闲食品数量和品质的需求也在迅速增长，消费水平的提高对中高端需求的拉动效果十分明显。金桥国际食品城的休闲食品有谷物膨化类、油炸果仁类、油炸薯类、油炸谷物类、非油炸果仁类、糖食类、肉禽鱼类、干制蔬果类等。其中，糖果、蜜饯、膨化、谷物类是休闲食品行业起步早、发展较为成熟的品类。如：南京的百味林、来伊份，上海的海苔、麻花、饼干、大白兔奶糖等，福建的膨化、糖果，安徽的炒货食品，湖南的辣食小食品，新疆的葡萄干类干果食品等。

三　走适合自我创新发展的路径

（一）完善供应链、引导新潮流

金桥国际食品城近五年紧紧围绕所属省、市、区政府关于经济发展转型升级的创新发展战略部署，有效应对市场需求变化，在没有现成经验可循、没有现成路子可走的情况下，着力创新市场业态，优化市场结构，完善市场供应链，积极引导新的消费潮流。

金桥国际食品城经营户坚持网上开店与市场体验店相结合，改变了传统市场经营模式，实现了线上线下交易有效融合，不断提高市场培育发展的水平。有效开展电子商务业务。传统专业市场的商户是实体店面，依托自身的传统优势，坚持网络直销与店面销售相结合，将实体店面的体验式销售和网络虚拟店销售结合起来，化挑战为机遇。

（二）对接跨境电商，实现跨境联合

金桥国际食品城积极对接跨境电商，与平潭综合实验区内的福建跨境通公司联合。这标志着"互联网＋保税区"链接到金桥，免税的国际商品琳琅满目，消费者不出家门就能买遍世界零食商品。

（三）提档升级，活跃消费市场

市场增设自贸区国际食品展销中心，主动与上海、福建、广东等自贸区对接，拓展进口食品货源渠道，填补市场进口食品交易空白，休闲食品正在由中低档向中高档全面发展，促进和提高了食品的营养、保健、绿色、安全、天然、健康，丰富和活跃了无锡消费市场。金桥国际食品城内外贸相互融合。不但有效、及时、准确地获取市场内外商户以及消费者的诉求信息，组织适销对路的商品，丰富商品品类，而且发挥联姻自贸区的优势业态，助力跨境进口商品电商在市场的发展。

（四）专注绿色、分享时尚塑品牌

市场以"专注绿色健康饮食，分享高端时尚生活"为创新发展理念，强化市场品牌意识，借助品牌经验，挖掘无形价值。铸就品牌"平台"，坚持走"品牌强市"之路。创立中间商品牌，重塑中间商的市场定位，注入专业的经营理念和营销技巧。在创品牌、创名牌的热潮中，积极发展自创品牌。金桥国际食品城自创品牌数量逐年递增，品牌影响力正在形成，产品销量节节攀升。据不完全统计，金桥国际食品城的自创品牌已达130多个，其中鲜吉多、旺又旺、锦隆、蜗牛队长、朗诗岚琪等一批品牌的发展给市场带来了活力，将成为金桥国际食品城后续竞争的有力支撑点。目前金桥国际食品城已形成国际品牌、国内品牌、自创品牌三大品牌系列。

（五）强诚信，网格化管理

加强诚信管理，设立诚信评级管理组织机构。联合有关行政监管部门对食品进行安全监控、溯源，以物物、户户联网的方式，对市场内的食品监管初步做到了"来有影、去有踪"，为食品监管添加了安全屏障。深入推进食品监管和诚信建设，完善和实施食品监管网格化管理，通过横向到边、纵向到头分格专人管理，商户索票索证制度大为改善。同时，加强食品监管力度，投资30多万元新建食品快速检测中心，共检测各类食品7360个批次，合格率99.9%，食品安全得到了有效管控。在市场协会指导下，诚信建设方面也得到稳步推进，完成三批商务诚信审评，市场A级以上商务诚信单位已达245家。

（六）消费者客户优先，电子结算可追溯

市场自成立以来，经营户从一开始的15户发展到目前的600多户，年成交额由几千万元到2015年的60亿元，2018年比2015年增长93%，成交额达116亿元，金桥国际食品城人气越来越旺。根据车流量统计，客户单日单向流量峰值达7500辆，比上年增长7%，全年进场车次达205万辆，比上年增长3%，平均每天进场车辆达5700辆，其中外地车辆占比超30%。

在优化管理上取得新突破，实施消费者优先管理理念，投资30万元专设E区VIP停车场，在业主的配合下近200辆车主动让位停到偏远的停车位，市场停车和交通秩序得到明显改善，同时停车系统增设二维码扫描支付功能，让车辆出场更快捷便利，优化营商环境。市场引导商户实施电子结算系统。建立商品安全质量保证体系，探索并实施电子索票索证制度，实现商品质量可溯源管理，进行商品安全全程监控。

（七）转型升级，培育代购

2018 年金桥国际食品城荣获江苏省转型升级示范市场，获得江苏省财政扶持资金 100 万元。组团 72 人参加中国首届上海进博会，成交额达 3 亿元，得到市、区、街道等各政府部门的关注和好评。自贸区进口食品的国家（地区）已增至 70 多个，品种超过 1 万个。2019 年金桥国际食品城积极组织第二届上海进博会参会工作。

金桥国际食品城代购食品如火如荼，至今已发展到 33 家，其中编内 26 家。代购食品激发了市场活力，带来了人气，为确保代购食品安全，2018 年金桥国际食品城把代购食品的规范化管理作为重要抓手，培育代购食品健康发展，增加了检测项目和检测频次，自上年 9～12 月共抽检 116 批次，主要检测微生物指标，合格率达 99.1%。

（八）安全第一，提升经营者素质

在注重创新发展中，金桥国际食品城始终把市场安全放在第一位，2018 年投资 60 万元完成 7、8、9、10、11 幢供电更新、增容、智能化改造。延伸自贸区泵房消防供水，更换消防设施和灭火器材，总投资 500 万元新建景观河南、北防汛闸门泵站，增设防汛溢水口 2 个，大大增强了金桥国际食品城防汛、防火能力。

在注重创新发展的同时，金桥国际食品城以提高市场经营者素质为抓手，创办了厦门大学—金桥企业家领导力提升进修班、金桥高质量发展论坛，参加的商户和公司制业主有近百人，占全体商户业主的20％。金桥商学院常年开设阶段性法律知识、经营营销知识、消防安全知识的培训班，市场专设了固定课堂。

四　无锡金桥国际食品城创新启示

在经济发展的新常态下，如何转变增长方式、适应经济结构调整，已成为各类市场主体所面临的严峻挑战。金桥国际食品城瞄准副食品行业的发展方向，开辟了高端冷鲜即食食品、进口食品，开设了自贸区国际食品展销区与实验区联盟、电子商务与跨境电商结合，对"互联网＋保税商品"做了成功尝试，市场、批发商和商户从传统的"夹心饼"模式中摆脱出来，找准本市场创新发展新业态。

2019年金桥国际食品城跨入第15个年头，15年艰苦创业，15年砥砺前行，600多家企业团结奋进，创造了中国食品行业的奇迹。金桥国际食品城已成为全国休闲食品"风向标"。站在新的历史起点上，金桥国际食品城如何发展？如何确保在全国同行中的地位？据市场总经理介绍，金桥国际食品城要重点抓好以下几项工作。

第一，巩固和扩大发展成果，抢抓发展机遇，以科学发展和高质量发展为目标要求，向上积极争取政策，向内主动奋发作为。年初董事会已明确前村要以金桥经济发展为中心，村级土地、厂房资源向金桥国际食品城倾斜，努力将前村工业园更名为金桥物流园，为金桥国际食品城做大做强提供资源保障。

第二，人才是金桥国际食品城发展的宝贵资源。实施人才计划培养，提高企业家的领导能力、创新能力、应变能力，关乎企业命运，关乎金桥国际食品城的前程，关乎大家的福祉，是百年大计。企业家要舍得花精力学，要联系实际学。市场号召全体业主经营户争做勤于学习的表率，不断提高"善学、善谋、善作、善成"的本领，使思想、能力、行动跟得上高质量发展的要求，跟得上时代前进的步伐，为金桥国际食品城高质量发展当好行业发展领跑者。

第三，积极融入"一带一路"建设，借力进博会抢得先机，选优选强产品，做大做强金桥"自贸区"板块，打造特色城、馆，例如"欧瑞吉全球馆""俄罗斯食品城"，与更多经营户、企业家提前洽谈合作，积极参加进博会，引进更多新品，为金桥国际食品城新一轮发展赢得主动注入更强动力活力。

第四，努力提高食品监管水平和市场综合管理水平。努力提高食品准入门槛，以引进百年老字号、著名品牌和国际品牌为主要抓手，让金桥品牌更有高度和广度，走高质量发展之路，让"食品的世界 世界的食品"更具含金量。目前百年老字号产品供销对接工作已启动。同时，继续鼓励引导走高端自制品牌，争创名牌创新之路。金桥国际食品城的快速发展很大程度上也得益于不断创新，只有创新才能激发市场活力，推动市场蓬勃发展。

第五，继续改善营商环境。探索智慧金桥管理模式，完善服务功能，提高管理水平，金桥国际食品城与狮子王科技等公司正在探讨合作方案。主动把自己放在更高的"坐标系"，勇于新担当，展现新作为，在攀登新高峰中书写金桥国际食品城"高质量发展的新篇章"。牢牢坚持"三个第一"的战略思想和"两个提高"的务实工作，坚持发展是第一要务、人才是第一资源、创新是第一动力。

创新发展是各类商品市场的迫切愿望，也是各类商品市场正在积极探索的主要课题。如何创新发展，金桥国际食品城的做法是我国休闲包装食品示范的缩影。它们围绕"互联网+"着力推动创新能力，从"非常"到"平常"、从"抽象"到"具象"、从"实践"到"现实应用"的转变，探索出一条符合金桥国际食品城实际的发展之路，为江苏省乃至全国副食品专业市场的经济转型、提档升级、创新发展发挥示范引领作用。

一 喜吖吖食品商业模式创新

（一）喜吖吖食品运营发展概况

湖南喜吖吖食品有限公司（简称喜吖吖）创始人曾建波自高桥大市场创立时即在市场经营干货生意。2014年从海制品行业转向休闲零食行业。2016年11月开设喜吖吖旗舰店1.0版——喜吖吖品牌运营中心，开启"一站式采购、品牌运营"模式。2017年10月成立喜吖吖大物流园，占地面积12000多平方米，五层立体式货架，打造了一个360度全方位半自动化现代仓库。

2018年初，喜吖吖进军休闲零食量贩店行业，通过直营、加盟和托管等多重模式，开启喜吖吖休闲零食量贩店，店铺数量达到100家。3月，创设自有品牌"魔味鲜"系列，将以索鲜、优质为主题的全新产品推向全国市场。6月，喜吖吖旗舰店2.0重装开业。旗舰店引入近500家供应商、近2000个SKU，并以不断更新、优中选优的螺旋式上升方式稳定发展，致力于为中国休闲零食行业创造一个更安全、更优质、更专业的市场标杆和行业标准。10月，喜吖吖分装厂开业，开启喜吖吖独立品牌和OEM模式时代，形成了从生产、经销、物流到零售服务的闭环。

2019年初，喜吖吖旗舰店3.0正式开业，展示区近1000平方米，产品多达3000余种，大量引入定量和裸散产品，真正做到了"只有你想不到，没有你买不到"。9月，喜吖吖大物流全面上线WMS系统，进一步提升了喜吖吖货物周转能力、风险监控能力、物流调配能力，为喜吖吖服务品质保驾护航。

目前，喜吖吖食品有员工200多人，采用精英制管理模式，提倡"用心用力用爱"观念，层层筛选，不断进步，为厂家提供更便捷的销售渠道、更精准的市场反馈、更大规模的市场效应，为客户提供更优质的服务、更安全的产品、更稳定的货源，探索出了休闲零食经销的新模式。

（二）喜吖吖创新运营模式经验

"多想一步，帮客户赚钱"是喜吖吖经营的思路。通过"一站式"采购，成为厂家的业务员、商超的采购部。主要创新举措如下。

1. **行业共享品牌运营中心**

休闲零食行业集中度低，单个品牌并不具有独占性行业地位。因此，喜吖吖努力借助其雄厚的客户基础，把不畅销的优品打造成爆品。喜吖吖结合自己的经销数据库，选择近期畅销的零食品类，组织选品团队在全国各地寻找质量好但在当地不畅销的产品，组织员工、消费者和客户试吃，从中选中品质佳、满意度高的产品重点培育。接下来，喜吖吖就可以利用长期积累的2万多个忠实零售商客户网络优势将这些产品销售出去。通过这种方式，喜吖吖可以帮助下游客户寻找到真正销售潜力大、品质有保障的产品，也帮助上游生产企业实现从产品到品牌的蜕变，实现收入增长。

2. 批发体验中心，让批发也讲究体验

做体验店和活动促销，一向是注重客户体验的零售界所惯用的营销模式。喜吖吖则把这种模式带到了批发行业，让批发也讲究体验。首先，建设体验门店。目前，喜吖吖旗舰店不仅形象设计高端大气，还设置了新品免费试吃区、休闲交流区等体验式空间，彻底改变了批发门店的刻板印象，成了同行竞相模仿的对象。其次，开展活动促销。曾建波把对客户的让利直接带入了促销活动，让品牌口碑在行业内迅速传播。比如，2016年喜吖吖开业之际，他就筹划了一场订购会，邀请2000多个客户参与，推出一系列优惠活动，使活动当天成交额就达5000万元。

3. 建设下游连锁零售量贩，让员工、合作伙伴共享发展红利

喜吖吖通过直营、加盟和托管等多重模式，建设喜吖吖休闲零食量贩店，把经过市场验证的产品投放到量贩商店，进入消费市场。其中，喜吖吖也努力把员工培育成"新老板"：喜吖吖旗舰店是一个休闲零食行业的商学院，员工在这里不断学习产品、渠道、经营、管理，积累经验，达到一定要求后，即可和喜吖吖公司共同投资建设量贩店，自己当

老板。

4. 强化供应链管理能力，为经营保驾护航

通过加强对供应链的管理，提升自己在上游、中游的话语权，从而降低成本，在竞争中取得一定比较优势；供应链管理能力的提升也意味着运营效率的提高，可为下游零售商提供更贴心的服务，从而提高销售规模。喜吖吖建设了物流园及现代化供应链管理系统，并出资建设了分装厂，形成了从生产、经销、物流到零售服务的闭环，助力提升经销的效率。

5. 打造休闲食品行业商学院

喜吖吖建立了行业培训学校，通过外聘专家讲师，通过论坛、研讨等方式，培养自己的店长和营业员，也培育上游生产商和下游零售商，培育了一批行业专业人才，共同促进行业的发展。目前，在喜吖吖旗舰店三楼，建设了 1000 平方米的培训教室，定期举办培训。

喜吖吖的发展正赶上行业高速增长期，能够为其创新实践提供丰厚的土壤。喜吖吖在休闲零食行业不断完善自身，探索形成自己独有的商业模式，也将立足高桥，努力将自己打造成为誉满中国、蜚声世界的行业领导品牌。

二 捷欧咖啡运营模式创新

（一）捷欧咖啡基本情况

湖南捷欧咖啡有限公司（简称捷欧咖啡）成立于 1993 年，

专注于咖啡产品的贸易，随着咖啡产品在中国的逐渐普及和发展而快速成长，是中南地区最大的咖啡贸易商。目前，捷欧已经成为"中国现磨咖啡第一品牌"，销售来自非洲、北美、中国普洱等世界各地的4000多种商品，与全球60多个国际品牌建立了稳定合作，客户遍布全国各地。

（二）捷欧咖啡创新经验

1. 做全供应链整合服务

捷欧咖啡在高桥大市场拥有一个2000多平方米的咖啡体验中心，设有"一站式"商品展厅、咖啡学院和培训室、400客服中心及咖啡教研室，为下游零售企业和咖啡店提供整合服务。主要做法如下。

（1）全类别产品体验中心。包括咖啡豆、咖啡配料、饮品配料、咖啡机、咖啡杯等，开办一家咖啡店的所有产品在这里应有尽有。

（2）技术培训中心。通过湖南地区唯一通过国际权威SCAA认证的咖啡教研室，培训专业的咖啡师，为咖啡店铺提供专业技术人才。同时，捷欧也通过培训室，为下游消费者家庭咖啡消费进行培训，起到宣传咖啡文化、培养咖啡消费习惯的作用。

（3）全套模式输出。捷欧咖啡为创业团队提供了以产品输出为基础，包括选址、店铺设计、产品选择、人才培养及运营管理的全套咖啡店创业模式，支持创业。

2. 打造专业性行业展会交流平台

凭借捷欧咖啡多年来在行业中形成的影响力，以及一支专业化程度较高的管理团队和技术团队，捷欧咖啡承办了普洱现磨大赛、中国国际食餐会咖啡团体赛等专业赛事，组织全国各地的专业人士共同交流，并着眼于咖啡产业链消费服务终端，提升咖啡行业从业人员服务水平，提升咖啡产品品质，提升服务团队营利能力，推广传播咖啡文化，打造咖啡品牌。

三　科源医疗运营模式创新

湖南科源医疗器材销售有限公司（简称科源医疗）2019 年销售额达到 25 亿元。科源医疗探索了"仓储式医疗器械卖场 + 产品体验中心 + 电商 + 外贸"的发展模式。具体创新做法有以下几点。

一是从仓储式卖场到展示交易和体验中心。科源医疗成立之后，就在行业内首创"仓储式医疗器械卖场"，有效满足了来自全国各地的涵盖连锁药房、医院、美容院、诊所等客户的"一站式"采购需求。经过几年的探索，2015 年投资近亿元，打造了中国最大的医疗器械展示交易中心。该交易中心的展厅面积超过 5000 平方米，汇聚了来自全球的 6000 多个产品，有效地为中国的药房、医疗机构、康复机构、患者等，提供了多层次、立体式、差异化的产品选择空间。不同于常规的消费品，医疗器械产品对卫生的要求较高。科源医疗在展示交易中心设立了符合医学要求的呼吸机体验中心，客户可以在这里体会相关医疗设备带来的使用体验，增强体验感。

二是大力发展电子商务。医疗器械的电商相较于其他品牌起步较晚，科源紧抓时代潮流，率先起步，大力发展电子商务。科源医疗自建了医疗器械电商平台"好护士"，并在天猫、京东等主流电商平台开设了旗舰店。科源医疗电商也从最初的年交易额不足千万元，目前已达到近 20 亿元。

三是探索发展国际业务。科源医疗积极利用跨境电商平台，开展进出口贸易，年交易额达 500 万美元。

四是自建品牌和生产体系。科源医疗打造了以可孚为品牌的全产品系列，通过自建工厂，生产和销售具有自己品牌的医疗器械产品，自有品牌销量快速提升。

图书在版编目（CIP）数据

中国商品交易市场：转型升级、综合评价与典型案例 / 王雪峰著. -- 北京：社会科学文献出版社，2020.8

（高质量发展评价系列）

ISBN 978 - 7 - 5201 - 7090 - 1

Ⅰ.①中…　Ⅱ.①王…　Ⅲ.①商品市场 - 研究 - 中国　Ⅳ.①F723

中国版本图书馆 CIP 数据核字（2020）第 146445 号

·高质量发展评价系列·

中国商品交易市场：转型升级、综合评价与典型案例

著　　者 / 王雪峰

出 版 人 / 谢寿光
责任编辑 / 史晓琳

出　　版 / 社会科学文献出版社（010）59367142
　　　　　　地址：北京市北三环中路甲 29 号院华龙大厦　邮编：100029
　　　　　　网址：www. ssap. com. cn
发　　行 / 市场营销中心（010）59367081　59367083
印　　装 / 三河市尚艺印装有限公司

规　　格 / 开　本：787mm × 1092mm　1/16
　　　　　　印　张：13.25　字　数：141 千字
版　　次 / 2020 年 8 月第 1 版　2020 年 8 月第 1 次印刷
书　　号 / ISBN 978 - 7 - 5201 - 7090 - 1
定　　价 / 98.00 元

本书如有印装质量问题，请与读者服务中心（010 - 59367028）联系